굿 라이프
철학 수업

지금 여기, 행복하라!

굿 라이프
철학 수업

카타리나 케밍 · 크리스타 슈판바우어 지음

장혜경 옮김

터치아트

생각을 하면 행복해진다

"생각을 하면 행복해진다!" 이 얼마나 당돌한 말인가? 생각이 불행의 씨앗이라는 이 시대에 생각을 하면 행복해진다니. 요가 매트에 앉아 명상을 시작하거나 월풀 욕조에 들어가 물장구치면서 사람들은 탄식을 내뱉는다. "머리를 비워도 되니 얼마나 좋은지 모르겠어." 바야흐로 위대한 감정과 감각의 시대이다. 물론 거기에 불만을 제기하자는 것은 아니다. 우리 역시 순간을 강렬하게 인식하고 만끽할 수 있어야 행복한 삶이 찾아온다고 확신한다. 하지만 다른 한편으로 우리는 생각을 통해 행복한 삶을 만들어 갈 수 있으며, 생각을 바라보는 미심쩍은 시선은 그릇되었다고 믿는다. 인간을 불행하게 하는 것은 생각 그 자체가 아니라 생각의 내용이기 때문이다. 고대 그리스의 철학자 에픽테토스도 말했다. "사람들을 불안하게 하는 것은 사물 그 자체가 아니라 사물에 대한 그들의 생각과 판단이다." 부정적인 생각, 쓸데없는 고민과 근심이 삶을 무겁게 한다. 그러니 행복한 삶을 꾸려 갈 수 있게 도와줄 바람직한 생각을 배워 보면 어떨까?

바람직한 생각을 가르쳐 줄 최고의 적임자로 우리는 '지혜를 사랑하는 사람들'을 꼽고 싶다. 여기서 '지혜를 사랑하는 사람들'이란 동서양의 철학자들을 가리킨다. 철학Philosophy이라는 말이 '지혜를 향한 사랑'이라는 뜻이니까. 따라서 우리는 동서양의 위대한 사상가들을 이 책으로 초대해 인생의 기본 문제들에 관해 생각해 보고자 한다. 당신도 우리와 함께 이 철학의 여정에 동행해 보자. 경험의 교류에 동참해 보자. 철학이 꼭 무겁고 심각해야 할 이유는 없다. 화창한 일요일에 친구와 만나 재미난 이야기를 주고받는다고 상상해 보라. 철학도 그와 다르지 않다. 우리와 함께라면 철학이 얼마나 재미있고 즐거우며 가볍고 유쾌한지 금방 알게 될 것이다.

당신이 이 책에서 수많은 고대 철학자를 만나게 되는 이유는 고대 그리스 철학의 중심 테마가 다름 아닌 '인생의 기술'이었기 때문이다. "인간의 격정을 치유하지 못하는 철학의 말은 공허하다."는 에피쿠로스의 말은 고대 철학 전체의 모토라고 보아도 무방할 것이다. 긍정적 자세를 훈련하는 것은 예부터 고대 철학이 천명한 목표였다. 근대의 위대한 사상가들도 그 점을 계승하여 "과감히 알려고 하라!" "용기 내어 당신의 이성을 사용하라!"고 외쳤다. 정신을 근육처럼 훈련하여 긍정적 자세를 키울 수 있다는 것은 고대 그리스 사람들도 이미 알았던 사실이다. 현대의 긍정심리학과 두뇌 연구의 가르침 역시 이와 다를 것이 없다. 특히 두뇌 연구 분야에서 말하는 신경가소성이 이와 일맥상통한다. 신경가소성이란, 인간의 사고 습관과 사고 모델을 의도한 대로 바꿀 수 있는 능력을 의미한다.

이런 변화의 도구를 인류에게 선사한 사람들이 바로 철학자들이다. 예부터 철학자들은 실천적 가르침과 정신 단련, 좋은 습관의 유익함을 거듭 강조했다. 소크라테스부터 철학이 행복한 삶을 가르쳐 준다고 굳게 믿었다. 자신을 인식하면 자신을 바꿀 수 있고, 자신을 바꿀 수 있으면 습관을 바꾸어 생각과 기분과 행동을 바꿀 수 있다.

아리스토텔레스는 최고의 행복은 쾌감에 있는 것이 아니라고 했다. 행복은 자신의 최고 본성을 성취함으로써 자라나는 것이라고 강조했다. 그러자면 삶을 바라보는 태도를 바르게 하고, 미덕을 갖추도록 훈련해야 한다. 행복한 삶을 영위하려면 항상 정치적, 사회적 차원을 함께 품어야 한다. 그런 지혜가 우리를 의미 있는 삶으로 인도한다.

따라서 우리는 이 책을 통해 어떻게 해야 일상생활에서 평정심과 기쁨과 영혼의 평화를 지닐 수 있을지 그 해답을 찾으려 한다. 어떻게 해야 용기와 공감, 유머 같은 미덕을 키울 수 있으며 마음과 지혜를 넓힐 수 있을지 철학을 통해 해답을 찾을 것이다.

이 책에 실린 철학의 가르침들은 시간을 초월하는 현대성과 열린 정신을 자랑한다. 우리는 그 옛날 사람들이 경험했던 감동과 충격을 지금 우리에게도 똑같이 주는 가르침, 구체적이고 실천적이며 심오한 삶의 지혜를 골라 이 책에 실었다. 더불어 사이사이에 우리 나름의 격려와 실천 지침들도 함께 담았다. 우리의 이런 노력이 결실을 보아 당신이 삶을 행복하게 꾸려 가는 데 조금이나마 도움이 된다면 정말 기쁘겠다.

카타리나 케밍, 크리스타 슈판바우어

차례

I

너 자신을
알라!

델피 신탁

1
자신에게 충실하라
모두가 통을 굴려야 할 이유는 없다

고대 그리스의 철학자 디오게네스는 행복을 얻는 방법으로 자율과 내적 독립, 자립을 강조했다. 그는 평생 낡은 통 안에서 살고 구걸한 음식으로 연명하면서 자신의 철학을 몸으로 실천했다. 그러다 보니 전해 오는 일화가 무척 많다. 그중에서도 가장 유명한 이야기는 아마 알렉산드로스 대왕과의 일화일 것이다. 어느 날 디오게네스가 일광욕을 하고 있을 때 왕이 찾아와 소원을 물었다. 그러자 디오게네스는 한마디로 잘라 답했다. "해를 가리지 마시오!"

또 다른 일화에는 코린트의 시민들이 등장한다. 시민들이 여느 때처럼 먹고살기 위해 바삐 오갔다. 어떤 사람은 시장으로 물건을 나르고, 어떤 이는 필요한 물건을 사서 집으로 돌아가고, 또 다른 사람은 허둥지둥 법원으로 달려갔다. 디오게네스는 자기가 사는 통 안에서 그 모습을 한참 지켜보고 있었다. 그러더니 갑자기 통을 이리저리 굴리기 시작했다. 옆에 있던 사람이 왜 그러냐고 물으니 철학자는 다음과 같이 대답했다. "다들 저렇게 분주하게 오가는데 나라고 가만히 있어서야 되겠습니까."

디오게네스는 원래 기인이라고 소문이 자자했을 정도로 엉뚱한 행동을 많이 했지만, 그날의 행동은 참으로 이해하기 어렵다. 하지만 그가 통을 굴린 데는 매우 심오한 뜻이 숨어 있다. 너무 바빠서 미처 자신을 돌아볼 여유가 없는 코린트 시민들에게 네 모습을 한번 보라고 거울을 들이민 것이다. 저마다 의미 있는 일을 한다고 생각하며 바삐 오가지만, 사실 그들의 행동은 무의미한 분주함일 뿐이다. 차원은 다르지만, 그들 역시 디오게네스처럼 무의미하게 이런저런 통을 이리저리 굴릴 뿐이다. 그 사실을 자각하도록 디오게네스가 거울을 비춰 준 것이다.

모두 통을 굴린다. 당신도 통을 굴린다. 언제, 얼마나 자주, 얼마나 열심히 굴리는가? 자신의 하루를 돌아보라. 분주한 당신의 하루는 디오게네스의 무의미한 통 굴리기와 얼마나 닮았는가?

코린트 사람들은 지극히 정상적인 생활을 했을 뿐이라고, 먹고살아야 하니 바쁘게 일할 수밖에 없었을 것이라고 반박하는 독자도 있을 수 있다. 옳은 말이다. 그들의 행동을 비난할 필요는 없다. 그들의 행동을 조롱해서도 안 된다. 코린트 시민들이 먹고살기 위해 노력한 것이 나쁘다는 말이 아니다. 디오게네스의 비판은 그들이 생존에 꼭 필요하다고 여기던 것에 관해 다시 생각해 보라는 메시지다. 코린트 시민들은 바쁘게 일하느라 정작 자기 자신에게는 관심을 기울이지 못했고, 진실로 행복을 얻을 수 있는 일에는 시간을 내지 못했다. 그러나 디오게네스는 자신을 위해 시간을 투자했다. 그래야만 인생의 의미에 다가갈 수 있음을 깨달았기 때문이다. 사람들이 허둥지둥 바쁘게 움직이는 것은 결국 자신을 마주하지 않기 위해서라는 사실을 알았기 때문이다. 그가 비판한 것은 바로 자기 자신을 회피하려는 그들의 모습이었다.

하루는 어떤 남자가 디오게네스에게 자신은 철학을 할 재목이 못 된다고 말하자, 디오게네스는 그에게 그럼 왜 아직 살아 있냐고 물었다. 디오게네스가 보기에 철학은 자신과 자신의 행동에 대해 곰곰이 생각하도록 이끌어 주는 활동이기 때문이다. 따라서 철학이야말로 삶에 꼭 필요한 것이다.

당신은 자신의 삶에서 무엇이 가장 중요하다고 생각하는가? 지금 가장 먼저 떠오른 생각은 어떤 것이었나? 그 생각을 종이에 적어 보자. 그리고 눈에 잘 띄는 곳에 붙여 두자.

우리는 바깥 활동을 최고의 덕목으로 치켜세우는 세상에 살고 있다. '호모 파베르Homo Faver', 즉 도구를 사용하여 일하는 인간은 현대의 영웅이었다. 진보와 성장과 발전을 이루었기 때문이다. 오랜 세월 사람들은 그렇게 믿었다. 그 믿음이 과연 얼마나 옳은지를 두고 이곳저곳에서 자성의 목소리가 들리기는 하지만, 아직도 사람들은 대부분 이런 능률의 원칙을 가슴 깊은 곳에 단단히 새겨 두고 있다. 필요하든 아니든, 의미가 있건 없건, 아무것도 안 하는 것보다는 뭐라도 하는 것이 낫다고 생각한다. 입으로는 자유를 외치고 이제 그만 여유 있게 살고 싶다고 탄식하지만, 막상 자유와 여유가 우리 앞에 닥치면 어떻게 해야 할지 몰라 허둥댄다. 아무 일도 하지 않고 가만히 생각에 잠겨 있는 자신은 상상만 해도 충격이고, 아무런 계획도 없이 무작정 맞이한 휴가는 생각만 해도 골치가 아프다.

이는 심리 실험으로도 입증된 사실이다. 실험 참가자들에게 10~15분 동안 아무것도 하지 말고 그냥 흐르는 대로 생각에 빠져 보라고 했다. 실험이 끝나고 어땠냐고 물으니 연령에 관계없이 참가자 대부분이 견디기 힘들었다고 대답했다. 두 번째 실험에서는 아무것도 하지 않되 약하지만 통증이 느껴지는 전기 충격을 자기 몸에 가해도 좋다고 했다. 실험 전에는 절대로 그러지 않을 것이라고 대답했던 참가자 중 남성은 65퍼센트가, 여성은 25퍼센트가 자기 몸에 전기 충격을 가했다. 자기 몸에 고통을 주면서까지 아무것도 하지 않는 시간을 피하려고 한 것이다.

그러나 분주한 생활이 지속되면 인간의 뇌는 문제를 일으킨다. 백일몽의 시간이야말로, 무의미한 무위無爲의 시간이야말로 우리의 뇌에 없어서는 안 될 소중한 시간이다. 인간의 뇌에는 '공회전 네트워크' 또는 '디폴트 모드 네트워크default mode network'라고 부르는 특정 부위가 있다. 이 부위는 우리가 아무것도 하지 않을 때 활성화된다. 아무것도 하지 않는 동안 공회전 네트워크가 적극적으로 활동하면서 몸의 여러 감각 기관이 제공한 정보들을 분류하고 저장하는 것이다. 그런데 휴대전화로 게임을 하고 인터넷 서핑을 하고 채팅을 하면서 뇌를 계속해서 활성 모드에 붙들어 두면 공회전 네트워크가 활동을 못 하게 된다.

하루 중 스마트폰을 가지고 다니지 않는 시간이 있는가? 하루에 일정한 시간을 정해서 스마트폰과 잠시 작별하는 것은 어떨까? 산책할 때나 친구를 만날 때, 밥을 먹을 때는 휴대전화 없이 온전히 지금 하는 일에만 집중해 보라.

왜 우리는 아무것도 하지 않는 시간이 두려울까? 무엇이 두려워서 안 해도 되는 행동까지 괜히 하게 되는 것일까? 아마도 자신과 만나는 시간이 낯설기 때문일 것이다. 우리는 머리에 깃든 풍성한 아이디어와 상상력에 거름을 주어 건강하게 키우는 법을 잊어버린 지 오래다.

그래서 노느니 차라리 통을 굴린다. 한시도 가만히 있지 못하고 계획하고 저지르고 허둥거린다. 그러느라 우리가 진정으로 돌아가야 할 곳인 '자신'에게는 향하지 못한다. 나만의 멋진 삶을 살려면 나에게 시간을 선사해야 한다. 나에게로 돌아가야 한다. 이 말은 '필수'라고 생각했던 그 많고 많은 일을 그냥 손 놓고 하지 않아도 된다는 뜻이기도 하다.

참고 자료
- 게오르크 루크 편역,《개의 지혜 *Die Weisheit der Hunde. Texte der antiken Kyniker*》

2
슬로 다운!
잃어버린 시간을 찾아서

모모와 시간을 훔치는 회색 신사들의 이야기가 기억나는
가? 미하엘 엔데는 소설《모모》로 인간과 시간의 관계를 잘 그
려 냈다. 특히 모모의 친구인 거리 청소부 베포 할아버지는 멋
진 비유로 우리가 처한 딜레마를 정확하게 짚어 준다.

"살다 보면 아주 긴 도로를 만날 때가 있단다. 그럼 이렇
게 생각하지. 아, 정말 너무 길어서 아무리 쓸어도 끝이 안
날 것 같아……. 그래서 허둥지둥 서두르기 시작한단다. 시
간이 갈수록 점점 더 서두르게 되지. 한 번씩 허리를 펴고
앞을 보아도 도통 남아 있는 길이 줄어들지 않은 것 같고.

그럼 더 긴장되고 마음이 불안해지다가 마침내 숨이 탁 막
히면서 더 이상 비질을 할 수 없게 되지. 남은 도로는 여전
히 아득하게 긴데 말이야."《모모》

베포의 이 말은 오늘날의 성과 중심 사회가 쉬지 않고 외쳐
대는 주장과 똑같다. 이 일만 얼른 처리하고 나면, 이번에만
정말 힘껏 노력하면 푹 쉴 수 있을 거야! 잘 살 수 있을 거야!
이 조건부 약속을 믿고 우리는 앞도 뒤도 돌아보지 않고 미친
듯이 달려간다. 몸이 제발 그만하고 좀 쉬라고 애원해도 우리
는 구원의 약속으로 지친 몸을 달래며 미래를 향해 달려간다.
정말로 숨이 턱에 찰 때까지 속도를 높인다. "빨리빨리, 빨리!"
초조해진 우리는 자신에게 채찍을 휘두른다. 어릴 때부터 우
리는 늘 같은 말을 들으며 자랐다. "빨리빨리!" 그 말 뒤에는
반드시 지청구가 따라왔다. "왜 그렇게 빈둥거려?" 빈둥거린
다는 말속에는 시간을 낭비하지 말라는 비난이 숨어 있다. 하
고 싶은 일을 위해, 자신을 위해 투자하는 시간은 현실을 모르
는 한심한 짓으로 비난받았다. 그래서 우리는 지금도 그 말을
굳게 믿는다.

공원 벤치에 앉아 멍하니 파란 하늘을 올려다본 적이 언제였던가? 지저귀는 새소리를 들으며 뛰어노는 아이들을 바라본 적이 언제였던가? 봄에 한창 물오른 수양버들의 연둣빛을 눈여겨본 적은 있는가? 신문을 뒤적이지 않고, 스마트폰을 흘깃거리지 않고, 정말 아무것도 하지 않고 시간을 흘려보낸 적은 있는가? 없다면 이제라도 한 번쯤 빈둥거리며 몽상에 젖어 보기 바란다. 그 시간의 참맛을 느껴 보라.

우리는 즐거운 퇴근 시간을 기다리며 종일 열심히 뛰어다니고, 일주일의 휴가를 위해 몇 주 동안 야근을 하며, 먼 미래에 맞이할 은퇴 후 삶을 위해 수십 년 동안 뼈 빠지게 일한다. 그러나 막상 퇴근 시간이, 휴가가, 은퇴가 닥쳐오면 지쳐서 널브러져 있거나 꽉 막힌 도로에 갇혀 아이들에게 괜스레 빽빽 소리나 질러 댄다.

"인생 최대의 손실은 미루는 것이다. 다가오는 족족 하루를 앗아 가고, 미래를 가리키며 현재를 낚아채기 때문이다. 삶의 최대 걸림돌은 내일에 거는 기대이다."《인생이 왜 짧은가》 스토아학파 철학자 세네카는 이미 2천 년 전에 오늘날 우리도 전적으로 공감할 수 있는 이런 멋진 명언을 남겼다.

그러니 이제 우리는 어떻게 해야 할까? 어떻게 해야 절룩이며 인생의 뒤를 쫓아가거나, 반대로 인생이 미처 따라오지 못하게 횡하니 앞서가 버리지 않고 인생을 몸으로, 마음으로 느낄 수 있을까? 청소부 베포가 이 딜레마를 풀어 줄 해결책을 찾은 것 같다. "한꺼번에 도로 전체를 생각해서는 안 돼. 알겠니? 바로 다음번의 걸음, 바로 다음번의 호흡, 바로 다음번의 비질만 생각해야 해. 늘 바로 다음번만 생각하는 거지. 그러면 일이 즐거워진단다. 그게 중요한 거야. 그럼 일을 잘할 수 있어." 《모모》

베포의 충고는 불교의 엄숙한 가르침과 별반 다르지 않다. 불교에서도 숨을 내쉬고 들이쉴 때마다 지금 여기에 당도하라고, 지금 하고 있는 일에 온 관심을 집중하라고 가르친다. 닥치지 않은 앞일을 미리 걱정하지 말고, 미처 처리하지 못한 일 때문에 쫓기지도 말아야 한다. 속도를 줄인다는 것은 온 감각으로, 몸과 마음과 정신으로 지금 여기에 현존한다는 뜻이다. 내일을 생각하며 좌불안석할 것이 아니라 해야 할 일을 바로 지금 하는 것이며, 그러면서 온전히 현재에 발을 딛고 있는 것이다. 이것이 불교에서 말하는 '바른 집중'이다.

마음을 현재에 모으는 훈련은 언제라도 할 수 있지만, 특히 마음이 조급하고 쫓기는 기분이 들 때 해 보라고 권하고 싶다. 잠시 하던 일을 멈추고 자신에게 물어보라. 지금 당신의 상태는 어떠한가? 몸으로 무엇을 느끼는가? 호흡은 어떤가? 의식적으로 몇 번 숨을 깊게 들이쉬고 내쉬어 보자. 혼자 있다면 자리에서 일어나 몸을 흔들어 곳곳에 붙어 있는 스트레스를 털어 내자. 기분 좋게 스트레칭도 하자. 가능하다면 밖으로 나가거나 창문을 열어 바깥 공기를 들이켜 보라. 이런 잠깐의 훈련만으로도 일상의 속도를 늦출 수 있고, 다시 힘을 내어 두 발로 땅을 딛고 설 수 있을 것이다.

동서양을 막론하고 예부터 현인들은 삶의 모든 순간을 깨어서 체험하라고 권했다. 삶은 헉헉대며 헤치워야 하는 노동 시간과 편안한 휴식 시간으로 무 자르듯 나눌 수 있는 것이 아니다. 힘들고 고단할 때도 편안하고 조용할 때와 마찬가지로 온전히 현재에 있으려 노력해야 한다. 시간이 스트레스가 되는 이유는 조급한 마음 때문이다. 실제로 우리는 시간을 얻으려다가 오히려 대부분의 시간을 잃어버린다.

물론 시간은 값지다. 세네카의 말대로 시간은 인간이 가진 재산 중에서 가장 값진 것이다. 하지만 시간이 돈은 아니다. 오늘날의 성과 중심 사회는 시간이 돈이라고 강조하지만, 시간이 돈은 아니다. 《모모》의 회색 신사들이 말하듯 은행에 저금했다가 나중에 빼 쓸 수 있는 것이 아니다. 그런데도 우리는 점차 그런 생각에 굴복한다. 정말로 소중한 것을 내일로 미루고 무의미한 활동으로 오늘의 시간을 허비한다. 세네카는 말한다. "시간이 없는 것이 아니다. 많은 시간을 낭비할 뿐이다." 《인생이 왜 짧은가》 그리고 경고한다. "너희는 영원히 살 것처럼 산다. 언젠가 죽을 것이라는 사실을 전혀 염두에 두지 않는다. 얼마나 많은 시간이 이미 흘러가 버렸는지도 알려고 하지 않는다." 《인생이 왜 짧은가》

그러므로 인생의 시간을, 이렇게 소중하고 유한한 재산을 바람직하게 활용해야 한다. 현재를 살며 순간을 즐겨야 한다. 오늘부터 다시 산책을 시작해 보는 것은 어떨까? 시간을 내어 한가롭게 여유를 부려 보면 어떨까? 삶의 속도를 줄이고 슬로 라이프를 경험해 보면 어떨까? 한 승려가 스승에게 시간이 없어 죽겠다고 투덜거리며 어떻게 해야 이 바쁜 삶을 슬기롭게 살 수 있겠느냐고 물었다. 스승은 이렇게 대답했다. "시간이 있을 때는 한 시간 명상을 하거라. 시간이 없을 때는 두 시간 명상을 하거라." 바쁠수록 중요한 일에 시간을 집중하라는 말이다. 세네카도 말했듯 시간이란 제대로 쓸 줄만 알면 항상 있는 것이다. "인생은 충분히 길며, 잘 쓰기만 하면 우리의 수명은 큰 일을 해내기에 넉넉하다." 《인생이 왜 짧은가》

오늘 자신에게 '시간'이라는 값진 선물을 해 보자. 정말로 하고 싶었던 일, 바쁜 일상 때문에 늘 뒤로 미루던 일을 드디어, 오늘, 한번 해 보자.

참고 자료
- 미하엘 엔데, 《모모》
- 루키우스 안나이우스 세네카, 《인생이 왜 짧은가》

3

마음의 평정
평정심은 어떻게 찾는가

예전에 독일에 '브루노'라는 담배 광고 캐릭터가 있었다. 담배 제조사 BAT의 담배 'HB'를 광고하던 캐릭터였다. 광고의 패턴은 항상 같았다. 브루노가 정말 사소한 일에 화가 머리끝까지 나서 펄펄 뛰다가 담배 한 대만 피워 물면 언제 그랬냐는 듯 금방 느긋해진다는 내용이었다. 때맞춰 등장하는 광고의 문구는 다음과 같았다. "멈춰 친구! 왜 그렇게 화를 내?" (오해를 피하기 위해 말하는데, 결코 담배 회사를 홍보하자는 것은 아니다. 다만 어린 시절 나는 브루노를 무척 좋아했다.)

평정심이라는 것이 그렇게 간단하다면 얼마나 좋을까? 하지만 현실은 그렇지 않다. 평정심이란 광고처럼 그렇게 금방

화를 푸는 능력이 아니라 애당초 화를 내지 않는 능력이다. 게다가 타고나기를 화를 잘 내는 다혈질이라면 원래 성격이 침착한 사람보다 평정심을 찾기가 더 쉽지 않을 것이다.

고대 그리스 철학자들도 화를 내지 않는 평정심을 삶에서 반드시 추구해야 할 목표 중 하나로 삼았다. 그리고 평정심 역시 배울 수 있는 것이며, 배워 마땅한 것이라고 주장했다. 2천 5백 년 전에도 평정심의 달인은 하늘에서 뚝 떨어진 인재가 아니었을 것이다. 따라서 스토아학파는 물론이고 거의 모든 철학 학파들이 평정심을 찾는 훈련을 철학의 주요 과제 중 하나로 삼았다.

훈련이라니? 철학이 왜 훈련을 거론하지? 이런 의문이 들 수도 있겠다. 보통 철학이라고 하면 뭔가 이론적이거나 추상적인 것, 다시 말해 순수한 사고 행위가 먼저 떠오르기 때문이다. 그러나 고대 서양 철학자들에게는 이런 생각이 통하지 않았다. 그들에게 철학은 영혼을 고치는 치료약이었다. 에피쿠로스는 말했다. "인간의 격정을 치유하지 못하는 철학의 말은 공허하다."《두려움의 극복에 관하여》

에피쿠로스는 스토아학파와 같은 시대를 살았지만, 자신

만의 학파, 즉 에피쿠로스학파를 세운 인물이다. 그의 이 유명한 말에서 우리는 철학이 어떤 병을 치유하려 노력했는지도 잘 알 수 있다. 바로 격정, 흥분이다. 흥분을 치료한다? 순간적으로 동양의 '명상'이 떠올랐다면 정확히 짚은 것이다. 평정심을 찾기 위해 흥분을 억제하는 것은 명상이 가장 중심으로 삼는 훈련이다. 그렇다면 그 옛날 인도 사람들이 그리스로 아이디어를 수출한 것일까? 이런 의문이 들 수도 있겠지만, 그렇지 않다. 인도에서 생각을 수입하지 않고도 고대 그리스 사람들 스스로 마음의 평화를 해치는 원인을 정확하게 분석하고자 했다.

분석을 하자면 도구가 필요하다. 스토아학파에게는 그 도구가 이성이었다. 그들은 이성을 이용하여 가장 단순한 깨달음을 얻었다. "사건에 많이 노출될수록 마음이 산란하고 어지러워질 가능성도 커진다!"

이쯤에서 당신의 한 주 스케줄을 점검해 보기 바란다. 그 모든 행사와 일정과 모임과 업무가 정말 꼭 필요한 일들인가? 과감히 삭제할 만한 것은 없는가? 언뜻 보기에 없을 것 같아도 다시 한번 곰곰이 생각해 보라. 삭제한다 한들 어떤 문제가 생길 것이며, 그것이 과연 당신 인생에 어떤 여파를 미칠까? 스케줄을 줄인다고 해서 인생도 쪼그라들까?

고대 로마의 스토아학파 철학자 세네카는 여기서 한 걸음 더 나아간다. "올바른 자기 평가가 무엇보다 중요하다. 우리는 자신의 능력을 너무 과대평가하는 경향이 있다."《인생이 왜 짧은가》 우리의 힘에는 한계가 있다. 인간은 무한한 힘을 가진 존재가 아니다. 따라서 자신이 정말로 할 수 있는 일에 힘을 집중한다면 삶이 훨씬 명료하고 평안할 것이다. 어떤 일에 주체적으로 임할수록 예상치 못한 일로 당황해 마음이 어지러워지는 일도 없을 것이다.

그런데 세네카는 이러한 주체성이 자신의 능력을 평가할 때뿐 아니라 자신의 본모습을 들여다볼 때도 필요하다고 말한다. 주체적인 인간은 가면 뒤에 숨어 내가 아닌 모습을 억지로 가장할 필요가 없다. 그러니 들킬까 봐 노심초사하며 불안에 떨 이유도 없다.

올바른 자기 평가는 그 외에도 또 다른 장점이 있다. 자신을 제대로 볼 줄 알면 일을 계획할 때 실패할 가능성도 계산에 넣는다. 따라서 실패하더라도 쉽게 좌절하지 않는다. "바라던 일이 이루어지지 않아서 마음이 괴롭더라도 애당초 성공이 확실하다고 믿지 않았다면 그 괴로움을 견디기가 훨씬 수월할 것이다."《인생이 왜 짧은가》

또 한 가지 평정심을 유지하는 데 도움이 되는 조언이 있다. "이루기 힘든 목표보다는 자신이 할 수 있는 일에 집중하라!" 비현실적인 목표에 행복을 거는데 어떻게 실망과 스트레스가 따라오지 않겠는가?

그러나 우리의 평정심을 흩뜨리는 적은 비현실적인 목표만이 아니다.

"조용히 살고 싶다면 쓸데없는 일에 힘을 낭비해서는 안 된다. …… 이제 그는 계획을 세울 때, 혹시 있을 걸림돌부터 가장 먼저 생각한다."《인생이 왜 짧은가》

마음 편히 살려면 준비를 갖추어 한 가지 일에 꾸준히 매달리되 유연해야 하며, 걸림돌을 미리 예상해야 한다. "마음의 평화를 가로막는 걸림돌은 두 가지이다. 변화에 대처하지 못하고, 변화를 견디지 못하면 평화는 깨진다."《인생이 왜 짧은가》 유연성이란, 달라진 상황에 현명하게 대처하는 능력을 의미한다. 상황에 맞지 않는 도식에 고집불통으로 집착하면 당연히 성공에서 멀어질 테고, 그러면 그 실패가 다시금 마음을 불안하게 흔들어 댈 것이다.

세네카는 설사 계획이 어긋나서 어쩌지 못하는 상황이 닥치더라도 그 아픔과 절망에 대처하는 법을 가르친다. 가혹한 운명이 언제라도 우리에게 닥칠 수 있다는 사실을 유념하면 실제로 운명의 장난에 휘말리더라도 가벼운 마음으로 견딜수 있다고 조언한다. 이것이 바로 우리가 흔히 말하는 '마음의 준비'가 아니겠는가. 마음의 준비란, 세상을 암울하게 보고 염세적 생각으로 오히려 재앙을 불러들이는 태도를 말하는 것이 아니다. 그것은 불행이 우리의 삶과 떼려야 뗄 수 없는 사안임을 인식하고 인정하는 태도를 말한다.

어려운 일이 닥치면 사람들은 묻는다. "왜 하필이면 나한테 이런 일이 생겼을까?" 세네카는 그 물음에 이렇게 반문한다. "어째서 내가 아닌 다른 사람에게 그런 일이 닥쳐야 한단 말인가?" 살다 보면 우리 힘으로는 도저히 어쩔 수 없는 일들이 일어난다. 우리가 원하든 원하지 않든, 우리가 화를 내든 내지 않든, 우리가 분노하든 그렇지 않든, 일어날 일은 일어나며 우리는 그 사실을 바꿀 수 없다. 그러므로 그런 일에 대처할 때 우리가 선택할 수 있는 단 하나의 의미 있는 태도는 수긍하고 받아들이는 것이다.

마음의 평화를 얻는 방법에 관심이 많았던 세네카는 세상이 마음에 안 든다고 화를 내는 사람에게도 훌륭한 조언을 남겼다. "세상만사를 너무 심각하게 받아들이지 말고, 가볍게 참고 견뎌라." 똑같은 일에도 화를 내는 사람이 있는 반면 유머로 넘기는 사람이 있다. 당연히 유머로 대처하는 사람의 마음이 더 평화로울 것이다. 남의 실수에 관대한 사람은 자신에게도 관대한 법이다.

최근 평정심을 잃었던 적이 있다면 그 순간을 떠올려 보라. 이제 그 상태에서 자신의 위치를 바꿔 보자. 의자를 옮겨 앉거나 서 있는 위치를 다른 곳으로 바꿔서 제3자의 입장이 되어 그 상황을 다시 한 번 관찰해 보자. 과연 그렇게 화를 낼 일이었을까? 다르게 해석할 수는 없

었을까? 가만히 보니 피식 웃음이 나지는 않는가? 오히려 좋은 점도

있지 않은가?

참고 자료

- 에피쿠로스,《두려움의 극복에 관하여 *Von der Überwindung der Furcht, Katechismus,*
Lehrbriefe, Spruchsammlung, Fragmente》
- 루키우스 안나이우스 세네카,《인생이 왜 짧은가》

4

위대한 고요
진정한 삶은 고요할 때 문을 두드린다

중국의 철학자 노자에 얽힌 전설과 신화는 한둘이 아니다. 심지어 그가 실존 인물이었는지조차 의심하는 역사가들도 있다. 하지만 고요가 깨달음의 방편이 되어 철학의 세계에 발을 들여놓은 것은 노자 덕분이었다. 노자는 노장사상의 경전이라 할 《도덕경》에서 다음과 같이 말했다. "고요함을 철저하게 지켜라. 守靜篤" 《도덕경》 16장 노장사상이 이상적으로 여기는 인간 유형은 이러하다. "성인은 고정된 마음이 없어 세상 사람들의 마음을 자기의 마음으로 삼는다. 聖人無常心 以百姓心爲心" 《도덕경》 49장

그러나 안타깝게도 우리가 사는 세상에서 고요는 멸종 위

기종에 가깝다. 어디를 향해도 발걸음마다 소음이 따라온다. 그래서 잠시라도 고요를 찾기 위해서는 자동차를 타고 먼 곳으로 떠나는 수고를 기울여야 한다.

그리고 마침내 인적 드문 시골에서, 산꼭대기에서, 깊은 숲 속에서, 사막 한가운데에서 고요를 찾는다. 고요에 잠기는 순간 예상치 못한 풍요로움에 가슴 벅찬 감격을 느낀다. 시간이 멈춘 것 같다. 귀는 밝아지고 감각은 예민해진다. 고요에 젖으면 더 많은 것이 다가오고 느껴진다.

하지만 고요가 우리에게 큰 충격을 안겨 줄 수도 있다. 워낙 시끄럽고 분주한 상태에 길들어서 소음이 사라지면 어찌할 바를 모르고 당황할 수 있다. 아무 소리도 들리지 않는 숲에서 갑자기 무서운 생각이 들고, 어둠이 깃들고 세상이 적막해지면 덜컥 겁이 나서 발을 떼지 못할 수도 있다. 갑작스럽게 찾아온 고요가 우리의 삶을 붙들어 매는 것만 같기도 하다. 그동안 늘 바쁘고 분주해야, 이런저런 활동을 하고 있어야 진짜로 살아 있다고 느꼈기에 진정한 삶은 고요할 때 다가오는 것이라는 진리를 보지 못했다.

독일의 철학자 프리드리히 니체는 말했다. "가장 큰 사건은 가장 시끄러운 시간이 아니라 가장 고요한 시간이다."《차라투스트라는 이렇게 말했다》 그러니 바쁜 일상생활 중에도 고요한 시간을 마련하자.

어떻게 하면 우리 마음에 담긴 고요를 되찾을 수 있을까? 노장사상은 '명상'이라는 유익한 방법을 소개했다. 바깥이 고요해지면 안이 소음으로 들끓게 마련이다. 명상을 해 본 사람이라면 이것이 무슨 말인지 잘 알 것이다. 고요한 곳에서 명상에 들면 생각과 공포와 걱정과 기억이 봇물처럼 터져 나온다. 불교에서 인간의 생각을 원숭이에 비유하는 것도 다 이런 까닭이다. 우리의 생각은 사위가 고요해지면 시끄럽게 끽끽거리며 뛰어다니는 원숭이와 같다. 갑작스럽게 닥친 고요를 이용해 우리의 생각이 분주한 일상에서 놓치거나 미뤄 두었던 것을 알리느라 소란스러운 것이다. 이 순간 도움이 되는 것은 단 하나, 참기 힘들어도 조용히 앉아서 생각이 날뛰다 지칠 때까지 기다리는 것이다. 그러면 우리 머리맡에서 춤추던 원숭이들도 언젠가는 지쳐 떠날 것이다. 생각이 오고 가더라도 그것과 하나가 되거나 그 내용에 골몰하지 말고 가만히 내버려

두라. 생각이 다 흘러갈 때까지, 미동 없는 몸으로 인해 정신
도 불안을 씻어 낼 때까지 그냥 앉아 있어라.

"아는 사람은 말하지 않는 법이며, 말하는 사람은 알지 못하
는 사람이다. 그 이목구비를 막고 욕망의 문을 닫으며, 날카로
운 기운을 꺾고 혼란함을 풀고, 지혜의 빛을 부드럽게 해 속세
의 티끌과 함께하니 이것을 '현동'이라고 말한다. 知者不言, 言者
不知. 塞其兌, 閉其門, 挫其銳, 解其紛, 和其光, 同其塵, 是謂玄同"《도덕경》
56장 승려들이 흰 벽을 보고 면벽 수행을 하는 이유도 정신에
관심거리를 제공하지 않기 위함이다. 아무 목적 없이 지금 여
기에서 쉬어야 한다. 다음의 선시禪詩 역시 고요에 대응하는
우리의 기본자세를 보여 준다.

조용히 앉아 있노라면

봄이 절로 오고

풀이 절로 자란다.

이 같이 마음을 고요로 이끌어 주는 목적 없는 행동이나 애
쓰지 않는 태도를 노장사상에서는 '무위'라고 부른다. 무위는

자연을 따라 행하며 인위를 가하지 않는 것이므로 자연의 질서와 하나가 되어 올바른 때에 올바른 행동을 불러온다. "세상은 신령스러운 물건과 같아서 사람의 뜻에 맞추어지지 않는다. 맞추려 하면 실패하게 마련이고, 취하려 하면 잃게 마련이다. 天下神器 不可爲也 爲者敗之 執者失之"《도덕경》29장 노자의 이 말은 노장사상의 근본적 믿음을 담고 있다. 세상 만물은 항상 변한다. 따라서 변화를 막으려 하지 말고 그 변화의 물결에 몸을 맡기고 세상의 이치를 따르는 것이 현명한 행동이다.

명상을 하면 어떤 상황에서도 마음에 고요의 방을 마련할 수 있다. 눈을 감고 호흡에 집중하라. 의식적으로 숨을 들이쉬고 내쉰다. 이제 들숨과 날숨 사이에 잠깐 숨을 멈추고 마음의 소리에 귀를 기울여 보라. 이곳이 위대한 고요의 장소이다. 아무것도 움직이지 않지만 모든 것이 깊어진다. 큰 바다의 밑바닥에 도착한 것만 같다. 숨을 멈추는 시간을 할 수 있는 만큼 조금씩 늘려 보자. 호흡할 때마다 마음에 고요가 넓게 퍼져 나가는 것을 느낄 수 있을 것이다.

오랜 시간 고요에 귀를 기울이면 삶의 대답을 들을 수 있을 것이라고. 그러면 도에 맞는 올바른 행동을 할 수 있을 것이라고 노자는 말했다. "맑고 고요함이 천하의 정도이다. 淸靜爲天下正"《도덕경》45장 고요하여 조화로운 삶만이 진정한 행복으로 나아갈 수 있다.

고대 스토아학파 역시 인간에게 자력으로 행복해질 수 있는 방법을 가르쳐 주는 것이 철학의 핵심 과제라고 생각했다. 그래서 노자를 따른 중국의 사상가들과 마찬가지로 스토아 철학자들 역시 고요히 자신에게로 돌아가 마음을 들여다보라고 권했다. 마르쿠스 아우렐리우스는《명상록》에서 다음과 같이 말했다. "인간의 영혼보다 더 조용하고 한적한 은신처는 없다. 보고 있으면 절로 기분이 좋아지는 그런 사람의 영혼이라면 더 말할 것이 없다."《명상록》

누구나 자신의 내면에서 흔들리지 않는 고요를 찾을 수 있다. 스토아학파가 '바다와 같이 고요한 영혼'이라 부른 그 정적을 찾을 수 있다.

그러자면 일상생활에 고요의 방을 마련하여 틈날 때마다 찾아가야 한다. 숲속의 빈터도 좋고, 가까운 교회나 절, 도서관도 좋고, 집안의 숨은 구석도 좋다. 자동차 소리, TV 소리,

말소리가 들리지 않는 곳, 침묵할 수 있는 곳, 마음의 고요에 푹 잠길 수 있는 곳을 찾아야 한다. 이 고요의 방은 항상 문이 열려 있다. 그냥 문을 열고 들어가기만 하면 된다. 문을 여는 순간 지금껏 몰랐던 새로운 경험의 공간이 활짝 열릴 것이다. 그리고 마침내 자신의 본성에 닿을 것이다.

자신에게 여유를 주어라. 힘을 얻을 수 있고 마음의 균형을 회복할 수 있는 고요의 방을 찾아라. 가만히 땅에 누워 고요의 소리에 귀를 기울여 보라. 풀이 자라는 소리가 들릴 것이다.

참고 자료

- 노자, 《도덕경》
- 마르쿠스 아우렐리우스, 《명상록》
- 프리드리히 니체, 《차라투스트라는 이렇게 말했다》

5
사려 깊음의 미덕
머리를 차갑게 하라

말다툼을 하다가 화가 나서 아무 말이나 벌컥 뱉어 놓고 후회한 경험이 있는가? 냉정함을 잃지 않았더라면, 감정에 휘둘리지 않고 좀 더 사려 깊고 신중하게 행동했더라면 얼마나 좋았을까 후회한 적은 없는가?

사려思慮는 그리스 철학자들도 널리 칭찬했던 가치이다. 이런 맥락에서 그들은 '내적 절제'를 아주 특별한 덕목으로 권유했다. 플라톤도 몇몇 저서에서 이 주제를 심도 있게 다루었다. 대화록《카르미데스》에서도 그는 내적 절제의 가치를 탐구하고자 노력했다. 그것이 영혼에서 불안을 몰아내기 때문에 영혼의 질병을 치료하는 약이라고 말했다.

사려는 일종의 평정심이라 할 수 있다. 다만 평정심이 고요한 마음의 경험이라면 사려는 깨달음의 측면을 강조한다는 점이 다르다. 사려란 성찰과 고민을 통해 얻어지는 것이기 때문이다. 따라서 사려 깊은 사람들은 사물의 이치를 꿰뚫어 본다. 그리고 그 덕분에 자신이 해야 할 일과 하지 말아야 할 일을 잘 안다.

플라톤의 제자 아리스토텔레스는 특히 사려와 현명함의 밀접한 관계를 강조했다. 사려가 판단력을 키우기 때문이다. 사려 깊은 사람은 현명하게 판단할 수 있다. 그래서 신중하게 고민하고 점검하여 언제가 올바른 시점이며 올바른 상황인지를 깨닫는다. 그러므로 이런 종류의 사려는 자기 인식과도 관련이 깊다.

사려 깊은 사람이 상황과 시점을 올바르게 판단할 수 있는 까닭은 자신의 참모습과 자신의 가능성, 능력을 현실적으로 파악할 수 있기 때문이다. 사려를 인간의 가장 중요한 덕목 중 하나로 보았던 독일의 철학자 아르투어 쇼펜하우어도 그 측면을 높이 평가했다. "세상과 자기 자신을 명확하게 인식하고, 이를 통해 세상과 자신에 대해 명확하게 숙고하면 사려가 깊

어진다."《의지와 표상으로서의 세계》

이런 깨달음은 지금 우리가 사는 시대에도 여전히 의미를 잃지 않았다. 사려가 깊으면 갑작스러운 화를 미연에 막을 수 있다는 사실을 우리는 경험으로 잘 안다. 그렇게 잘 알면서도 우리의 행동은 얼마나 사려 깊지 못한가? 아마 그것은 빠른 결정을 요구하는 이 시대가 사려를 걸림돌로 생각하기 때문일지도 모른다. 매사에 사려 깊게 행동하려면 나의 판단이 정말로 옳은지 아닌지를 곰곰이 따지고 고민할 시간이 필요하다. 사려는 말 그대로 여러 가지 일에 대해 깊게 생각하는 것이기 때문이다. 즉, 사려 깊은 사람이 되려면 시간과 여유가 필요하다.

중요한 결정을 앞두었다면 억지로라도 시간을 내어 곰곰이 생각을 해야 한다. 예전에 중대한 결정을 내렸던 때를 떠올려 보자. 충분한 시간을 갖고 고민했었는지, 그때의 결정이 옳았는지 자신에게 물어 보라. 지금 다시 그 상황이 온다면 과연 같은 결정을 내릴 것인지도 생각해 보자.

요즘 사람들은 어떤 결정을 앞두고 조용히 생각에 빠져 있으면 주저한다거나 우유부단하다고 해석해 버린다. 고민과 사려는 고치고 없애야 할 성격상의 결함으로 취급한다. 이 시대는 사색과 숙고보다 행동과 속도를 앞세운다. 한마디로 "무계획적이지만 빠르게!" 그러나 우리는 이런 식의 행동이 늘 만족스러운 결과를 낳지는 않는다는 것을 경험으로 잘 알고 있다.

우리 시대가 칭찬해 마지않는 '빠른 결단'은 고대 철학자들이 보기에는 '지혜 부족'에 불과했다. 스토아학파의 철학자들도 성급한 판단은 자제하라고 가르쳤다. 그 이유는 첫째, 성급한 판단은 성찰을 거치지 않은 것이기 때문이고, 둘째로는 마음의 평화를 유지하는 데 도움이 되지 않기 때문이다. 판단이 마음의 평화에 얼마나 큰 영향을 미치는지는 뒤에서 다시 한번 살펴볼 것이다.

고대 그리스 철학자들이 사려 깊은 사람을 현명하고 선하다고 한 이유는 그런 사람이 자신을 잘 알고 상황을 성찰하기도 하지만, 자기 행동의 결과에 관해서도 깊이 고민하기 때문이다. 독일 출신의 언론인이자 작가인 쿠르트 투홀스키는 말했다. "선善의 반대는 악이 아니라 선의善意이다." 다들 공감할 것이다. 어떤 일의 처음 시작은 선의였지만, 그 결과는 전혀 다른 방향으로 흘러가는 경우가 있다. 쿠르트 투홀스키는 인간의 행위를 유심히 관찰했던 작가이기에 선의를 품은 사람이 자기 행동의 결과를 생각하지 않아서 오히려 악행을 저지르게 될 수 있다는 사실을 정확히 인식했다. 출발은 선의였지만 자신의 그 선의가 어떤 결과를 낳을 수 있을지 사려 깊게 생각하지 못해 오히려 정반대의 결과를 낳게 되는 경우를 꿰뚫어 본 것이다.

어떤 일의 눈에 보이는 가능성이 다른 것보다 더 매력적으로 보여 결과를 고려해 볼 여유도 없이 무조건 그것을 선택하는 경우가 있다. 그런데 막상 뚜껑을 열고 보니 가장 매력적으로 보였던 가능성이 최선의 선택이 아닐 수 있다. 나라 살림살이도, 가정 경제도, 개인의 호주머니도 다를 것이 없다. 눈앞에 보이는 단기간의 이익만 보고 성급한 판단을 내리면 오히려 장기적으로는 큰 손해를 입을 수 있다. 그러면 손실을 만회하느라 다시 많은 시간과 노력과 에너지가 들고, 가끔은 큰돈이 들기도 한다.

어떻게 하면 사려 깊은 사람이 될 수 있을까? 아르투르 쇼 펜하우어가 그 답을 알려 준다.

"흠잡을 데 없이 사려 깊은 생활을 하려면 가끔씩 과거를 돌아보 면서 성찰해야 한다. 자신이 겪은 일, 저지른 일, 마주친 일을 떠올리 고 그때 기분이 어떠했는지 생각해 보아야 한다. 과거의 판단을 지금 의 판단과 비교하며, 과거의 계획과 노력을 지금의 성공과 그 성공이 준 만족과 비교해 보아야 한다. 잡일이나 유흥에 빠져 과거를 돌아보 지 못하고 그저 분주하게 시간을 보내는 사람은 사려를 잃을 것이다. 외적 불안과 자극의 양이 클수록, 정신의 내적 활동이 적을수록 더욱 그러할 것이다. 《쇼펜하우어의 행복론과 인생론》

사려 깊은 사람이 되려면 자신의 행동을 비판적으로 성찰 하고 숙고하는 능력을 갖추어야 한다. 그러자면 무엇보다도 정신없이 돌아가는 일상의 소용돌이에 빠져 허우적대지 말아 야 한다.

참고 자료

- 플라톤, 《카르미데스》
- 아르투르 쇼펜하우어, 《의지와 표상으로서의 세계》, 《쇼펜하우어의 행복론과 인생론》

II

나는 **내 영혼**의
샘물에서
물을 **긷는다**

안티스테네스

6

자기 돌봄
자기 자신과 우정을 쌓아라

"그는 항상 주변의 다른 사람들을 사랑하고, 공평하게 대하고, 상처 주지 않으려고 정말 감탄이 나올 정도로 진지하게 노력했다. '네 이웃을 사랑하라'는 계율이 자신에 대한 증오 못지않게 그의 마음속 깊이 주입되어 있었기 때문이다. 따라서 그의 온 생애는 자기 자신을 사랑하지 않고는 이웃 사랑도 불가능하며, 자기 증오는 지나친 이기심과 똑같아서 결국엔 이기심과 똑같이 끔찍한 고립과 절망을 낳는다는 사실을 잘 보여 주는 사례였다." 《황야의 이리》

독일 작가 헤르만 헤세는 소설 《황야의 이리》에서 어릴 때부터 남은 배려하되 자신은 무시해도 좋다는 신념에 완벽하게 길든 한 인간의 심리를 그렸다. 자신의 친구가 될 수 없기에 자신을 무찌르려는 철천지원수가 되어 버린 인간, 굶주린 늑대처럼 한평생 얻지 못한 사랑을 찾아 헤매는 인간의 심리 상태를.

철학자 에리히 프롬 역시 세계적인 베스트셀러《사랑의 기술》에서 이런 신념이 얼마나 큰 잘못인지 이해하기 쉬운 말로 설명했다. "나의 이웃을 인간으로서 사랑하는 것이 미덕이라면, 나 역시 인간이므로 자신을 사랑하는 것도 악덕이 아니라 미덕이어야 한다. 나 자신을 포함하지 않은 '인간' 개념은 존재하지 않는다. '네 이웃을 네 몸처럼 사랑하라'는 성서 구절은 자기 자신의 불가침성과 유일성에 대한 존중이 다른 개인에 대한 존중과 사랑과 이해로부터 분리될 수 없다는 의미이다. 나 자신에 대한 사랑은 다른 존재에 대한 사랑과 불가분의 관계를 맺고 있는 것이다."《사랑의 기술》

사랑이 배워야 하는 기술임을 에리히 프롬처럼 단호하게 강조한 철학자는 없을 것이다. 사랑이란 하늘에서 뚝 떨어지는 것이 아니다. 사랑을 하자면 지식과 훈련과 적극적 노력이 필요하다. 특히 자기애의 경우 더욱 그러하다. 하루 종일 자기 주변을 맴돌면서도 정작 자신에게 이르지는 못하는 것이 우리 현대인이 처한 딜레마이기 때문이다. 어쩔 수 없이 자신에게 몰두하고 한없이 자신에게 관심을 보이지만, 우리는 도무지 자신에게 만족하지 못하고 항상 다른 사람이 되고 싶어 한다. 우주의 중심은 자신인데 그 자신을 인정하고 받아들이지 못하는 것이다. 다른 사람이 되고 싶은데 어떻게 자신을 사랑할 수 있겠는가.

현대 심리학의 연구 결과를 보아도 자신을 잘 돌보는 사람이 위기가 닥쳐도 금방 위기를 이겨 낼 수 있다고 한다. 공포나 우울증, 번아웃에 빠질 위험이 적고 자신감도 더 크다고 한다. 건강한 자기애가 있어야 일상의 어려움을 극복할 평정심과 강인한 마음을 유지할 수 있고, 고단한 인생의 폭풍이 불어도 흔들리지 않고 버틸 수 있다.

하지만 솔직히 우리는 그런 건강한 자기애와 너무 멀리 떨어져 있다. 그렇지 않다면 왜 있는 그대로의 자신을 받아들이기가 이토록 힘이 들겠는가? 자식과 남편과 친구에게는 그토록 후하면서 왜 자신에게는 엄하고 냉정할까? 왜 식구들은 열심히 보살피면서 자신에게는 신경을 쓰지 않을까? 어째서 돌봄과 공감이 시급한 순간마다 자신을 외면하고 궁지로 모는 것일까?

아마도 어린 시절에 우리 마음에 새겨진 신념 때문일 것이다. 그 신념이 지금까지도 삶을 쥐고 흔들면서 우리를 고단하고 힘들게 한다. 우리는 부모님과 선생님의 비판을 아로새겼다. 그들의 목소리인지 내 목소리인지 헷갈릴 정도로 아주 깊이 가슴에 새겼다. 그리고 항상 우리를 탓하고 꾸짖고 야단치는 목소리, 다른 사람, '더 나은' 사람이 되라고 호통 치는 그 목소리에 귀 기울이고 순종한다. "더 노력해야지!" "더 강해져야지!" "더 빨리 움직여야지!" 그러나 아무리 노력해도 그들의 기대를 만족시킬 수는 없을 것 같다. 심리학은 이런 목소리를 '마음의 감독'이라고 부른다. 살아오면서 다들 이런 감독의 호통과 야단을 들어 보았을 것이다.

마음의 감독이 또 야단을 치더라도 그 말을 곧이곧대로 듣지 말고 다음과 같이 긍정의 메시지로 바꾸어 보자. "살다 보면 실수를 저지를 수도 있지. 괜찮아. 한 번 실수는 병가지상사라고 하잖아?" "시간 충분해. 괜히 급하게 허둥댈 필요 없어." "지금 이대로의 나도 충분히 멋져." "약점이 있으면 어때? 약점 없는 사람이 어디 있어?"

자신을 최고의 친구로 만들 수 있다면 얼마나 멋질까? 기쁠 때나 슬플 때나 항상 내 편이 되어 주는 친구로 만들 수 있다면? 아리스토텔레스는 자신과 하나가 되며 자신을 잘 돌보는 능력을 '자신과의 우정'이라고 불렀다.

이웃과 자기 자신 중 누구를 더 사랑해야 하는가? 이 해묵은 철학의 논쟁에서 아리스토텔레스는 놀랍게도 자신을 택했다. "누구나 자기 자신이 가장 친한 친구이기 때문에 자기 자신을 가장 많이 사랑해야 한다."《니코마코스 윤리학》 스승 플라톤은 이기심을 책망했지만, 아리스토텔레스가 주장한 자기애는 몇백 년 후 뜻밖의 수호성인을 만나게 된다. 중세의 위대한 기독교 철학자 마이스터 에크하르트가 그 주인공이다. "그대가 그대 자신을 사랑한다면 모든 사람을 자신을 사랑하듯 사랑할 것이다. 그대가 그대 자신보다 다른 사람을 더 사랑하는 한, 정녕 그대 자신을 사랑하지 못할 것이다."《마이스터 에크하르트 독일어 논고》

종교 재판의 시대를 살았던 기독교도들에게 이런 말은 이

교도의 주장과 다르지 않았다. 화형에 처해질 수도 있을 만큼 위험한 발언이었다. '네 이웃을 네 몸과 같이 사랑하라'는 예수의 계명에서 '네 몸'을 추방시켜 버린 사람들이 바로 고위 성직자들이었으니까. 이웃 사랑은 훌륭한 덕목이지만, 자기애는 허용할 수 없다! 이런 기독교의 암묵적 강요에 감히 맞설 사람은 많지 않았다.

그러나 에리히 프롬은 자기애와 이기심은 아무런 공통점이 없다고 확실하게 선을 그었다. "이기적인 사람이 다른 사람을 사랑하지 못한다는 것은 맞는 말이지만, 그런 사람은 자기 자신도 사랑하지 못한다."《사랑의 기술》현대 심리학의 연구 결과도 같은 방향을 가리킨다. 자신과 공감할 수 있어야 다른 사람들의 마음도 진심으로 공감할 수 있다. 자신을 잘 돌보는 사람만이 에너지의 원천이 텅 비지 않도록 열심히 챙겨서 그 힘으로 남들도 보살필 수 있다.

자아비판과 자학의 낡은 모델을 털어 버리고 아리스토텔레스가 강조했던 자신과의 우정을 쌓으려면 어떻게 해야 할까? 현대의 두뇌 연구와 긍정심리학은 자신과 우정 맺기를 언제라도 시작할 수 있다고 말한다. 두뇌 연구는 신경가소성을 통

해 우리의 뇌가 고정되어 있지 않고 변화한다는 사실을 입증
했다. 덕분에 우리는 아무리 나이가 들어도 부정적인 습관을
새로운 긍정적 경험으로 덮어 버릴 수 있다. 비관적 신념을 낙
관적 신념으로 바꾸고 사랑의 음성으로 비판적 목소리를 잠
재울 수 있다.

오늘부터 당장 자신을 돌보는 연습을 시작해 보면 어떨까? 자신에
게 공손하고 자신을 존중하자. 다정한 마음의 소리로 자신과 대화를
나누고, 잘한 일이 있으면 듬뿍 칭찬하고, 나쁜 일이 일어나면 위로
해 줄 것이며, 자신에게 엄격하던 과거의 습관이 조금이라도 되살아
나려고 하면 얼른 다시 기운 내라고 자신을 향해 따뜻한 미소를 지어
보자.

공감과 사랑으로 자신을 대하는 한순간이 하루를 바꿀 수
있다. 그리고 그 하루가 인생 전체를 새로운 방향으로 이끌 수
있다.

그렇게 아름다운 것을 향해 눈길을 돌리고 오감을 총동원
하여 충만한 세상을 즐긴다면, 행복의 순간을 차곡차곡 모아

그 행복을 남들과 흠뻑 나눈다면, 우리의 인생은 물론이고 주
변 사람들의 인생도 날로 풍요로워질 것이다. 나아가 세상은
날로 행복을 더해 갈 것이다.

참고 자료

- 아리스토텔레스,《니코마코스 윤리학》
- 에리히 프롬,《사랑의 기술》
- 헤르만 헤세,《황야의 이리》
- 마이스터 에크하르트,《마이스터 에크하르트 독일어 논고》,《마이스터 에크하
  르트 독일어 설교》
- 크리스틴 네프,《자기 공감 *Selbstmitgefuhl. Wie wir uns mit unseren Schwachen versoh-
  nen und uns selbst der beste Freund werden*》

7
신나게 살아라!
즐길 줄 모르는 사람은 만나도 즐겁지 않다

최근에 정말로 신이 났던 적이 있는가? 마음 한편에 다이어트 고민을 숨기지 않고, 손목에 맥박 시계를 차지 않고, 스마트폰 만보기를 들여다보지 않고, 100퍼센트 건강에 유익하다는 증거는 없어도 그냥 내가 좋아서, 하고 싶어서 어떤 일을 한 적이 있는가? 그래 본 지 너무 오래되었다는 대답이 아니면 좋겠다. 행복한 인생을 살려면 절대로 빼놓을 수 없는 것이 바로 순수한 쾌락이기 때문이다. 쾌락은 다양한 방식으로 표현될 수 있는데, 그중 하나가 향락이다. 독일의 유명한 싱어송라이터 콘스탄틴 베커의 노래 가사 중에 이런 구절이 있다. "즐길 줄 모르는 사람은 만나도 즐겁지 않다."

철학은 대체로 감각적 쾌락에 큰 관심을 보이지 않았지만, 서양 철학의 두 학파만은 예외였다. 그들은 감각적 쾌락이 없는 인생이란 너무 따분하며, 인간의 본성에도 위배된다는 사실을 인정했다. 향락의 찬가를 부른 그 주인공은 키레네학파와 에피쿠로스학파이다. 감각적 쾌락도 인생의 일부라는 사실을 처음으로 인정한 고대 그리스 철학자는 키레네의 아리스티포스이다. 키레네학파의 창시자인 그는 흥미롭게도 소크라테스의 제자였다. 소크라테스는 이리저리 아무리 살펴봐도 감각적 쾌락과는 별 관련이 없어 보이는 인물 아닌가.

흔히 우리 시대를 쾌락의 시대, 향락을 지향하는 시대라고 한다. 예전보다 더 많은 것을 소비하고 더 빠르게 물질적 욕망을 채울 수 있으니 딱히 틀린 말은 아닌 것 같다. 하지만 과연 우리가 조상들보다 더 흠뻑 인생을 즐길 줄 아는지, 그들보다 향락의 능력이 더 뛰어난지는 잘 모르겠다. 향락이란 단순한 소비가 아니며, 반드시 물건이나 사건, 음식이 있어야 하는 것도 아니기 때문이다. 향락이란 어떤 대상에 온전히 응하는 능력이며, 그것을 깨어 있는 정신으로 인식하는 능력이다. 따라서 물건을 소비하는 것과 인생을 즐기는 것은 다르다. 소비는 중독으로 끝나지만, 진정한 향락은 중독으로 향하지 않는다.

아리스티포스가 남긴 명언에는 생각할 거리가 꽤 많다. "쾌락을 포기하지 않으면서 쾌락을 지배하고, 결코 그것에 굴복하지 않는 것이야말로 진정으로 칭찬할 일이다."《고대의 행복학》

아리스티포스는 난봉꾼이라는 비난에 정말로 멋진 답변을 날렸다. "쾌락을 내 것으로 만드는 진짜 기술은 쾌락을 억지로 단념하는 것이 아니라 그것을 잘 조절하는 것"이라고. 금욕주의자도, 쾌락에 지배당하는 자도 행복한 인생을 살지 못한다. 금욕주의자는 자신에게 쾌락을 허락하지 않기 때문이며, 쾌락에 지배당하는 자는 쾌락에 휘둘리기 때문이다. 쾌락의 노예가 되지 않고도 신나게 즐길 줄 아는 사람이야말로 행복한 인생을 살 수 있다. 맹목적 탐욕에 휘둘리지 않고 무엇을 어떻게 즐길지 스스로 결정하는 사람이기 때문이다.

어린 시절부터 향락을 금하도록 교육 받았지만, 당신의 생각은 이와 달라서 향락이 인생의 품격을 높여 줄 거라는 느낌이 드는가? 그렇다면 쾌락이 유익하고 필요한 것이라는 아리스티포스의 주장을 곰곰이 살펴보기 바란다. 아리스티포스는 매우 단순하고 누구나 검증할 수 있는 이유를 들어 향락의 필요성을 역설했다. 인간은 누구나 쾌락을 제공하는 것을 추구하고, 불쾌감을 일으키는 것, 다시 말해 고통을 본능적으로 피한다고 말했다. 어린아이들만 보아도 그의 주장이 옳다는 것을 알 수 있다. 인간은 쾌락을 지향하고 불쾌를 피하는 존재이다. 쾌락 그 자체는 나쁠 것이 없다. 쾌락은 자연스러운 것이다. 물론 아리스티포스가 말한 쾌락은 신체를 통해 실제로 느낄 수 있는 쾌감이다. 그는 감각적 쾌락이 전혀 비난받을 것이 아니라고 생각했다. 하지만 그가 말한 감각적 쾌락이 섹스만을 의미하는 것은 절대 아니다. 우리 몸이 유쾌하다고 느끼는 모든 것을 그는 감각적 쾌락이라고 보았다.

그러나 아리스티포스는 진정한 쾌락을 위해서는 한 가지 사실을 더 유념해야 한다고 강조했다. 그것은 바로 순간을 사는 지혜이다. 그는 우리에게 순간을 살라고 요구한다. 사람들은 내 힘으로 바꿀 수 없는 지난 일을 곱씹거나 내가 어찌할 수 없는 미래의 일을 걱정하느라 너무도 많은 에너지를 낭비한다. 현대 심리학 역시 미래를 향한 기대감이 현재 느끼는 기뿜보다 더 강렬하다고 말한다. 그렇다면 즐거운 일을 미래로 미루는 것도 의미 있는 행동일 것이다. 그래야 더 오래, 더 강렬하게 기쁨을 맛볼 테니까. 하지만 아리스티포스의 충고는 이와 다르다. 인간의 감각 중추는 지금 이 순간이 제공하는 것만을 붙잡는다. 이 순간이 선사하는 쾌락과 기쁨을 깨닫지 못하는 사람은 결국 환영의 뒤를 쫓다가 생을 마감할 것이다. 그런 사람은 미래에 당도해도 쾌락을 깨닫고 즐길 수 없을 테니 말이다.

키레네학파의 영향을 많이 받은 에피쿠로스는 쾌락이 감각적 향락으로만 끝나지 않는다는 점을 강조했다. 그는 향락에 종속되지 말고, 향락이 떠난 후에 애달파하지도 말 것이며, 향락이 찾아왔을 때 그것을 마음껏 즐기라고 충고했다.

또 한 가지, 쾌락을 추구하기 위해 잊지 말아야 할 것이 있다. 모든 향락이 행복을 가져다주는 것은 아니라는 사실이다. 생크림 케이크를 배가 터질 때까지 입에 밀어 넣는다면 먹는 그 순간은 즐거울지 몰라도 금방 불쾌함을 느끼게 될 확률이 높다. 케이크를 배불리 먹을 때 느끼는 쾌감은 구역감과 같은 불쾌한 느낌을 동반하므로 진정한 쾌락이 아니다. 이렇듯 적당한 절제가 행복과 불행을 좌우하는 경우가 살다 보면 어디한둘인가. 모든 것이 그렇듯 향락도 열심히 배워야 하는 기술이다.

만나면 즐거운 사람들을 식사에 초대해 보자. 모여서 같이 요리를 해도 좋고, 당신이 모처럼 요리 솜씨를 뽐내 보아도 좋을 것이다. 여건이 안 되면 분위기 좋고 맛도 좋은 음식점을 골라 흥겨운 시간을 가져도 좋다. 오감을 총동원하여 음식을 즐겨 보라. 입이 아플 때까지 흠뻑 수다도 떨어 보자. 함께하면 기쁨은 배가 되는 법이니까.

참고 자료

• 말테 호센펠더 편역,《고대의 행복학*Antike Glückslehren. Quellen zur hellenistischen Ethik in deutscher Ubersetzung*》

8

우정 찬가
친구는 행복한 인생의 필수 조건

그는 친구와 함께라면 평소의 절약 정신도 과감하게 내팽개쳤다. 그래서 친구들과 함께 아테네 외곽에 조그만 땅을 사들였다. 올리브 숲 한가운데에 있는 땅이었다. 그는 그 정원을 '케포스'라 불렀고 출입문에 다음과 같은 글귀를 적어 걸었다. "이방인들이여, 이곳에서 편히 쉬어라. 우리가 가진 최고의 재산은 쾌락이니." 고대 그리스 철학자 에피쿠로스는 남녀노소를 가리지 않았던 이 공동체에서 함께 살면서 철학을 했다. 지금으로부터 2천 년을 더 거슬러 올라가는 까마득한 옛날에, 그는 요샛말로 아웃사이더라 부르는 삶의 형태를 실천에 옮긴 것이다.

에피쿠로스는 정치와 사회에 무관심했다. 개인의 행복과 마음의 평화가 더 중요하다고 생각했기 때문이다. 그리고 행복은 오직 쾌락에서만 찾을 수 있다고 확신했다. 그는 좋은 행동과 나쁜 행동을 구분하지 않았다. 만족을 주는 행동과 고통을 가져오는 행동을 구분했을 뿐이다. 그리고 전자는 택하고 후자는 피하라고 충고했다.

그렇다면 최고의 만족은 어디서 얻을 수 있을까? 우리가 지금 그에게 묻는다면 그는 한 치의 망설임도 없이 우정의 찬가를 부를 것이다. 에피쿠로스에게 우정이란 행복한 삶의 핵심이었기 때문이다. 그는 말했다. "행복한 삶을 가르치는 모든 지혜의 말 중에서 우정보다 더 위대하고 풍요로우며 즐거운 것은 없다."《두려움의 극복에 관하여》

에피쿠로스는 좋은 친구가 서로에게 줄 수 있는 안정감과 확신을 높이 평가했다. 특히 전통적인 가족 간의 유대가 무너진 이 시대에 '세계관이 같아서 비슷한 삶을 추구하는 친구들의 생활 공동체'라는 에피쿠로스의 이상은 그 어느 때보다도 매력을 발산한다. 사실 우정으로 맺어진 관계는 다른 어떤 인간관계보다 안정적이고 오래가며 문제의 소지가 적다. 가족과 달리 자발적으로 맺어진 관계이며, 사랑처럼 충동적 감정이나 열정에 휘둘리지 않기 때문이다.

현대인들도 불확실한 익명의 시대에 지지와 안전을 얻기 위해 대안적 생활 및 주거 공동체를 구상한다. 에피쿠로스와 친구들이 전원적 주거 공동체를 통해 찾고자 한 것과 별반 다를 것이 없는 삶의 형태이다.

공동의 목표와 공동의 행동이 서로를 하나로 묶는다. 그래서 처음에는 아리스토텔레스가 말한 대로 실질적인 도움을 목적으로 하는 '필요에 의한 우정'이 생길 수도 있지만, 그것이 오래가면 '진정한 우정'으로 발전할 수 있다. 진정한 우정은 그 자체가 목적이며 상대에게서 이익을 구하지 않는다는 특징이 있다. 친구가 옆에 있다는 사실만으로 기쁘고 행복하며 삶이 풍요로워지는 것이다.

《니코마코스 윤리학》에서 아리스토텔레스는 양쪽 모두가 무한한 행복을 느끼는 우정이야말로 최고의 미덕이라고 칭송했다. 1930년에 독일의 UFA 영화사에서 만든 영화 〈주유소의 3인조*Die Drei von der Tankstelle*〉에서도 주인공들은 신이 나서 다음과 같은 노래를 부른다. "친구는, 좋은 친구는 세상 최고의 보물! 햇살 가득한 세상! 더없이 유쾌한 세상! 우리는 영원히 하나야!"

자신에게 물어보라. 내 인생을 우정이라는 보물로 채워줄 사람은 누구인가? 나는 누구와 함께 있을 때 무한한 행복을 느끼는가? 충고나 도움이 필요할 때는 누구에게 전화를 거는가?

기쁠 때나 슬플 때나 나는 혼자가 아니라는 느낌, 누군가가 든든하게 옆을 지켜 준다는 기분은 말할 수 없이 좋다. 그렇기에 우정은 행복한 인생의 필수 조건이다. 친구는 나와 함께 이 험한 세상을 헤쳐 나가며, 내 슬픔에 함께 울고 내 기쁨에 함께 웃으며, 어려울 때면 기꺼이 도움의 손길을 내밀어 준다. 세상이 나에게 입힌 상처를 치료해 주고, 내가 고민이 있을 때는 언제고 활짝 귀를 열어 준다. 좋은 친구가 옆에 있으면 제아무리 사나운 인생의 폭풍이 몰아쳐도 힘차게, 힘차게 나아갈 수 있다.

친구의 존재가 정신 건강은 물론 신체 건강에도 유익하다는 것은 과학적 연구 결과로도 입증된 사실이다. 우정은 심혈관 질환과 우울증 극복에 긍정적 영향을 미친다는 연구 결과도 있다.

우정은 소중하다. 그러므로 잘 가꾸어야 한다. 당신은 과연 우정을 잘 가꾸고 있는가? 친구들에게 합당한 만큼의 관심과 애정을 선사하는가? 사실 오래되고 친한 친구일수록 당연시하기 쉽다. 연락한 지 오래된 친구가 있거든 지금 당장 문자나 이메일을 보내자. 힘들 때마다 힘이 되어 주어 고맙다고 감사의 인사를 전해 보자. 지금 당신의 격려가 필요한 친구는 없는가? 기꺼이 친구의 힘이 되어 주자.

친구와 함께 있을 때는 있는 그대로의 내가 될 수 있다. 못난 모습과 불안과 두려움을 숨기지 않아도 된다. 잘난 척할 필요도 없고 안 나오는 웃음을 억지로 지어 보일 필요도 없으며 기분 좋은 척할 필요도 없다.《행복은 혼자 오지 않는다》의 저자이자 의사 출신 코미디언 에카르트 폰 히르슈하우젠도 다음과 같이 말했다. "친구란, 당신을 잘 아는데도 당신을 좋아하는 사람이다."

잘못된 점을 지적해 줄 용기가 있어서 당신이 미처 깨닫지

못한 단점을 알려 줄 수도 있는 친구가 곁에 있다면, 당신의
인생길은 그야말로 탄탄대로일 것이다. 당신은 친구와 함께
성장하고 성숙할 것이다.

참고 자료

- 아리스토텔레스,《니코마코스 윤리학》
- 에피쿠로스,《두려움의 극복에 관하여 *Von der Überwindung der Furcht, Katechismus, Lehrbriefe, Spruchsammlung, Fragmente*》
- 에카르트 폰 히르슈하우젠,《행복은 혼자 오지 않는다》

9

정신의 풍요
정신적 자산은 나눌수록 더 쌓인다

키니코스학파 철학자 안티스테네스는 가진 것도 없는 주제에 왜 부자라고 생각하느냐는 물음에 이렇게 대답했다. "내 영혼의 샘물에서 물을 긷기 때문이다."《개의 지혜》키니코스학파의 철학자들은 교양 있는 아테네 시민들이 신성하게 여기는 모든 것을 조롱하며 정반대로 행동했다. 그럼에도 아테네 시민들은 그들을 정의로운 심판관이라 생각하며 우러러보았다. 그들의 판결은 절대 편파적이지 않고 항상 공정했기 때문이다. 또한 그들은 소크라테스의 가르침을 받들어 무욕과 자기인식을 실천했다.

그 옛날 키니코스학파 철학자들이 실천한 무욕과 자기 인식은 지금의 우리에게도 매우 유익한 가르침이다. 복지를 기술 발전 및 물질적 풍요와 동일시하는 성장 이데올로기는 전 세계를 파멸의 벼랑 끝으로 내몰고 있다. 쉼 없이 경제 성장을 이루어 가려면 삶의 모든 영역을 가속화할 수밖에 없고, 그 결과 인간은 결국 탈진하고 말 것이며 환경은 더욱 오염될 것이다. 오늘날의 과소비 생활이 지구 환경에 미친 악영향은 앞으로 더 끔찍한 결과를 초래할 것이다.

하지만 문제의 뿌리는 현대 서구 산업 사회보다 더 깊은 곳에 있다. 물질적 풍요를 향한 욕망은 인류의 역사만큼이나 오래된 문제이기 때문이다. 붓다는 그것을 '탐욕'이라 불렀고 플라톤은 '플레오넥시아pleonexia', 즉 더 많이 갖고자 하는 욕심이라 불렀다. 물론 이런 소유욕에도 장점은 있다. 어느 정도까지는 의욕을 북돋는 자극제가 될 수 있기 때문이다. 욕심이 없었다면 인류는 아직 불도 못 피운 채 동굴에 옹기종기 모여 앉아 있을지도 모른다. 그러나 나쁜 점도 있다는 사실을 우리는 너무나 잘 안다. 탐욕은 아무리 가지고 또 가져도 만족을 모르기 때문이다.

욕망을 만족시키면 평화가 찾아오리라. 우리는 이런 망상에 젖어 산다. 하지만 대부분 이와 정반대이다. 모든 욕망은 또 다른, 더 큰 욕망을 불러온다. 그래서 욕망을 채울수록 더 큰 결핍을 느끼게 된다. 부자가 가난한 사람보다 더 욕심을 부리는 이유이다.

물건을 사고 또 사도 만족을 느끼지 못하는 이들에게 안티스테네스라면 물질로 향한 눈길을 정신으로 돌리라고 충고할 것이다. 돈으로 살 수는 없지만 마음 깊은 곳에 숨은 만족과 행복의 샘에서 물을 길어 올리라고.

당신에게는 어떤 보물이 숨어 있는가? 재능은 무엇이며, 장점은 무엇인가? 남들이 당신의 어떤 점을 칭찬하고, 어떤 점을 좋아하는지 생각해 보자. 바로 그것이 당신의 보물일 테니.

안티스테네스는 번영을 물질적 풍요에서 찾지 않았다. 어차피 그는 가진 것이 별로 없는 사람이었다. 대신 그는 풍요로운 영혼이야말로 성공과 번영의 증거라고 말했다. 한마디로 번영의 가치를 바꾼 것이다. 그에게 진정한 번영은 물질적 풍요가 아니라 정신적인 성장이었다.

'칫, 그런 말은 나도 하겠네. 그건 돈 없는 사람들이 자기 위안 삼아 하는 말이지.' 지금 당신은 이렇게 생각할지도 모르겠다. 당신만 그렇게 생각하는 것이 아니다. 2천5백 년 전에 살았던 사람들도 그랬다. 맞다. 이런 식의 해석이 싸구려 위안에 이용될 수도 있다. 하지만 고대 그리스 철학자들이 물질적 욕망을 비판할 때는 매우 현실적인 근거를 들었다. 메가라학파의 스틸폰은 고향 메가라가 잿더미가 되면서 가진 것을 다 잃고 겨우 목숨만 구했다. 그런데도 그의 모습이 너무나 평온했기에 사람들은 가진 것을 다 잃고도 어떻게 그렇게 태평하냐고 물었다. 그러자 그는 이렇게 대답했다. "내 모든 것은 내 안에 있다네." 해석해 보면 정신적 재산은 그 무엇으로도 무너뜨릴 수 없으므로 나는 잃은 것이 없다는 뜻이다.

정신적 자산은 우리의 삶을 진정으로 꽉 채워 준다는 점 말고도 또 다른 장점이 있다. 무한히 나눌 수 있다는 점이다. 더 많은 지혜, 더 많은 선의, 더 많은 공감, 더 많은 행복, 더 많은 사랑, 더 많은 우정, 더 많은 인식을 향한 노력은 누구도 훔쳐 가거나 빼앗아 갈 수 없는 엄청난 재산이다. 빼앗기기는커녕 나눌수록 더 많은 사람의 생활 여건을 개선할 수 있다.

세상 사람들에게 정말로 소중한 것이 무엇인지 물어보면 국적과 인종, 성별과 연령을 초월하여 같은 대답이 나올 것이다. "우리는 사랑하고 존경하는 사람과 함께 보내는 시간을 원한다. 가족과 친구와 함께하는 시간이 최고의 행복이다. 더구나 그 시간은 잘 가꾸기만 한다면 아무리 써도 닳아 없어지지 않는다."

이 외에도 정신적 자산의 효과는 더 있다. 그것은 내게서 흘러나와 다른 사람들에게로 흘러간다. 정신적 자산은 더 많이 나누라고 채근한다. 이 점은 안티스테네스도 지적한 바 있다. "나는 그 무엇도 붙잡아 두고 싶지 않다. 내 영혼의 풍요를 모든 친구 앞에 펼쳐서 그들과 나누어 갖고 싶다."《개의 지혜》물질적 자산은 누구나 지키고 싶어 한다. 그러기 위해서는 남을 내 경계 밖으로 내몰아야 한다. 그러나 정신적 자산은 닫힌 마음을 활짝 열어젖힌다. 기쁨은 나누면 오히려 배가 되는 법이니까.

안티스테네스는 또 말했다. 가진 것에 만족하면 부족함을 느끼지 않기 때문에 이웃의 것을 탐내지 않는다고. 따라서 탐욕의 동행인 질투나 시기도 느낄 일이 없다. 남이 가진 물건이

탐날 때도 있을 것이다. 그러나 마음이 풍족하면 물질적인 것이 줄 수 없는 여유를 누릴 수 있으므로 쉽게 그 탐욕을 버리고 더 풍요로운 곳으로 눈길을 돌릴 수 있을 것이다.

우리의 눈길이 그곳으로 향하지 못하게 막는 것은 외부의 상황이나 바깥세상이 아니다. 익숙한 시각을 버리고 새로운 눈으로 세상을 바라볼 수 없다고 확신하는 우리의 굳은 생각이다.

당신의 힘으로 도저히 바꿀 수 없는 일이 생겼을 때 한번 시험해 보라. 정반대의 상황을 마음속에 그려 보는 것이다. 새로운 가능성의 들판으로 상상의 나래를 활짝 펴고 날아가 보자. 어떤 기분이 드는가? 그 행복한 기분을 흠뻑 느껴 보라.

안티스테네스는 용기를 내어 굳은 사고의 대안을 찾았다. 덕분에 정말로 소중한 보물을 찾았다. 밖에서는 만날 수 없지만, 그 어떤 물질보다 더한 행복을 주는 마음의 보물을 발견한 것이다.

오늘 하루 당신은 어떤 선물을 받았는가? 당신의 마음과 영혼을
풍성히 채워 준 값진 선물을 받았는가?

참고 자료

• 말테 호셴펠더 편역,《고대의 행복학*Antike Glückslehren. Quellen zur hellenistischen Ethik in deutscher Übersetzung*》

• 게오르크 루크 편역,《개의 지혜*Die Weisheit der Hunde. Texte der antiken Kyniker*》

10

해방을 주는 웃음의 힘
유머는 삶을 아름답게 한다

정통 철학에는 '유머'가 웃을 일이 별로 없었다. 플라톤부터 유머를 그리 유쾌하게 생각하지 않아서 지혜의 아레나에서 쫓아 버렸다. 사실 플라톤은 '학자란 자고로 근엄하고 신성해야 한다'는 이미지를 처음으로 퍼트린 인물이다. 인류의 역사에서 어쩌다 한 명씩 유머를 변호하는 사람들이 등장하지 않았다면 유머는 철학의 무대에서 자취를 감추고 말았을 것이다. 플라톤의 제자 아리스토텔레스도 유머의 변호인 가운데한 사람이었다. 그는 유머를 미덕으로 인정함으로써 유머의 명예 회복에 힘을 실어 주었다. 위대한 자연철학자 데모크리토스는 워낙 성격이 명랑 쾌활하여 후세에 '웃는 철학자'로 통했다. 그런 데모크리토스를 플라톤은 의도적으로 무시했다. 아마 데모크리토스가 그를 볼 때마다 너무 많이 웃었기 때문일 것이다.

오랜 세월 유머는 천박한 웃음으로 이성의 길을 가로막는 변덕스럽고 안이한 것이라고 무시당했다. 그것도 영 틀린 말은 아니다. 유머는 훌륭한 마술사이기 때문이다. 유머는 웃음을 유발해 순식간에 분위기를 바꾸고 긴장과 갈등을 해소하며 음울한 생각을 떨쳐 버리게 한다. 유머는 날개를 선사한다. 무거움을 치우고 그 자리를 가벼움으로 채운다.

유머가 가진 전복과 해방의 힘은 이 세상 모든 권력자가 두려워하는 적이었다. 1장에서 만난 철학자 디오게네스도 촌철살인의 유머로 알렉산드로스 대왕의 존경을 받았다.

다행히 그사이 유머는 명예를 회복했다. 현대 심리학은 분위기를 밝게 해 주는 유머의 효과를 높이 평가하며, 현대 철학 역시 유머와 지혜의 연관성을 인정했다. 유머는 용기와 강인한 품성, 선한 마음을 자극하고 확신과 평정심, 기쁨을 선사하여 행복한 인생을 되돌려 주기 때문이다. 더구나 유머는 나 자신뿐 아니라 주변 사람들까지 행복하게 만든다. 유머 감각이 뛰어난 사람이 곁에 있으면 누구나 그 밝은 분위기에 금세 전염된다.

"유머는 심각한 상황에서도 명랑할 수 있는 능력이다." 긍정주의 심리 치료의 창시자 노스라트 페세쉬키안의 말이다. 어차피 인생이란 뜻대로 다 되는 것이 아니므로 살다가 충격적인 일이 생기더라도 낙관적 자세를 잃지 말아야 한다는 뜻이다. 겉보기에만 그럴 수도 있겠지만, 낙관적인 사람들은 염세적인 사람들보다 어려움을 덜 겪는다. 문제가 있어도 심각하게 받아들이지 않거나 좀 더 창의적인 해결책을 찾아내기 때문이다.

결국, 문제는 '관점'이다. 혹시 당신도 무엇에 홀린 사람처럼 어떤 상황에서도 부정적이고 힘든 점만 바라보고 있지는 않은가? 좋은 점, 긍정적인 점, 나아가 유머러스한 점을 찾아낼 줄도 아는가? 가만히 들여다보면 모든 일에는 재미난 구석이 있게 마련이다. 히죽 웃을 수 있는, 킥킥 웃을 수 있는, 진심으로 껄껄 웃을 수 있는 구석이 숨어 있다.

적절한 시점에 던진 재미난 유머는 분위기를 밝게 할 뿐 아니라 의식을 확장시킨다. 같은 상황이라도 다른 눈으로 바라볼 수 있게 하므로 지금껏 미처 못 보고 지나친 것들에게로 눈길을 돌릴 수 있다. 완전히 새로운 면모, 깜짝 놀랄 만한 깨달음을 얻을 수도 있다. 정신의 딱지가 떨어지고 딱딱하게 굳었던 관점과 시선이 다시금 움직이는 것이다.

"만물에는 세 가지 면이 있다. 긍정적인 면, 부정적인 면, 웃긴 면." 독일의 코미디언 카를 발렌틴은 이런 말을 자주 했다. 앞으로는 웃고 재미난 면으로 눈길을 돌려 보자.

한 움큼의 유머가 삶을 편안한 사랑의 시선으로 바라볼 수 있게 한다. 유머를 통해 우리는 자신의 못난 점과 화해하고, 타인의 못난 점에도 더 큰 아량을 베풀게 되며, 인생의 흉한 얼굴도 웃음으로 마주하는 법을 배운다. 자신이 너무너무 중요한 사람이라는 자기중심적 사고방식에서도 조금씩 헤어 나올 수 있다. 살다 보면 고통스럽지만 어쩔 수 없는 일들이 있다. 아무리 노력해도 바꿀 수 없는 일들이 있다. 그런 일은 웃음으로 다가갈 때 훨씬 더 수월하게 지날 수 있다. 웃음은 두려움을 달래고 고통을 줄여 주기 때문이다. 한마디로 힘들고 고단해도 삶을 사랑할 수 있도록 힘을 주는 것, 그것이 바로 유머이다.

웃을 기분이 아니더라도, 아니 도저히 웃을 기분이 아니라면 더욱더 웃음의 힘을 활용해 보라. 웃음은 긴장을 풀어 주고 자유를 선사한다. 인도의 웃음 요가 창시자 마단 카타이라 박사는 행복해서 웃는 것이 아니라 웃어야 행복하다고 주장했다. 거리를 걸으며 마주 오는 낯선 사람들에게 미소를 지어 보라. 아마 처음에는 살짝 당황하겠지만 곧 상대방의 표정도 환해질 것이다. 일상생활에서 농담을 즐기는 습관을 길러 보라. 당신의 농담 한마디가 분위기를 밝게 만들어 줄 것이다.

사실 유머는 한 치 앞을 내다볼 수 없는 삶의 예측 불가능성을 조금이라도 줄여 보려는 인간의 노력이다. 인생의 무게에 짓눌려 무너지지 않겠다는 발버둥이다. 어차피 우리 힘으로 어찌할 수 없는 것에는 괜히 분노하고 좌절하고 슬퍼하기보다 차라리 한바탕 껄껄 웃고 넘어가는 편이 낫지 않은가? 바로 여기에 유머의 치유 기능이 있고, 바로 이것이 심리 치료에서 유머를 우울증 예방의 가장 효과 좋은 약이라고 하는 이유이다. 예로부터 유머는 값이 싸면서도 효과가 확실한 약으로 통했다.

그래서 위대한 바보들은 사람들에게 웃음을 주면서도 인생의 심오한 면모를 파헤치고, 우리 앞에 거울을 들이밀며 터부를 깨고, 우리가 감히 우습게 보지 못하는 문제들도 껄껄 웃어넘긴다. 심지어 죽음마저도 웃음의 소재로 삼는다. 우디 앨런은 죽음을 어떻게 생각하느냐는 물음에 이렇게 대답했다. "나는 죽음이 무섭지 않다. 다만 죽음이 찾아왔을 때 그 자리에 있고 싶지 않다." 이런 역설적 대답으로 그는 차마 입 밖으로 내지는 못하지만 우리가 몰래 품고 있는 '죽고 싶지 않은 마음'을 적나라하게 까발렸고, 동시에 웃음으로 죽음의 어두운 면을 덜어냈다.

인생의 비극마저 웃음의 소재로 삼을 수 있는 사람들이 있다. 가혹한 운명도 유머로 맞이할 수 있는 사람들이 있다. 로빈후드나 홍길동처럼 부자들의 돈을 빼앗아 가난한 사람들에게 나누어 주었다는 독일의 도적 두목 신더하네스는 형장으로 가는 날, 날이 밝자 이렇게 말했다고 한다. "한 주가 시작되었구나." 생명이 위태로운 상황에서도 재미난 구석을 찾아내어 숨이 끊어지는 순간까지 자유를 누릴 수 있는 이런 재능을 흔히 '사형대의 유머'라고 부른다. 나치 수용소에서 살아 돌아온 심리학자 빅터 프랭클은 이런 유머를 '정신의 저항력'이라고 불렀다. 정신분석학자 지그문트 프로이트도 말했다. "유머는 체념하지 않고 저항한다. 유머는 자아의 승리일 뿐 아니라 현실 상황의 불쾌함에 맞설 줄 아는 쾌락 원칙의 승리이기도 하다."《창조적인 작가와 몽상》

유머는 또 자신의 자아를 넘어선다. 중국 속담에도 "두 인간을 잇는 가장 짧은 길은 웃음이다."라는 말이 있다. 마주한 웃음에서 마음을 나누는 관계가 탄생하고, 결속과 공감이 커진다. 웃음은 전염되기 때문에 기쁨을 나누고 더할 수 있다. 웃는 철학자 데모크리토스도 말했다. "웃음은 남의 기분을 즐겁게 만들 수 있는 의사이다." 모두가 경험으로 알 것이다. 함께 웃으면 어떤 문제도 무난해진다는 것을. 우리는 웃으면서 절로 깨닫는다. "뭐 그렇게까지 나쁘지는 않네!"

유머를 아는 사람은 인생의 깊이를 안다. 우울한 철학자 아르투르 쇼펜하우어도 그 사실을 잘 알았다. "정말로 진지할 줄 알면 진심으로 웃을 줄도 안다."《나는 재미를 아는 남자다》 그렇게 진심으로 웃을 줄 아는 사람은 남을 진지하게 대할 줄도 안다. 남을 조롱하거나 우습게 보지 않고 삶이 선사하는 기쁨과 슬픔을 남들과 함께 웃으며 즐기고 이겨 낸다. 따라서 현명한 사람들은 자주 남들과 함께 웃는다. 함께 웃음을 나누면 마음도 넓어진다.

에피쿠로스의 조언을 명심하여 생활 속에서 실천해 보자. "웃으면서 철학해야 한다. 집안일을 비롯하여 늘 하던 일을 할 때도 진정한 철학의 가르침을 흘려듣지 말아야 한다."《두려움의 극복에 관하여》

참고 자료

- 데모크리토스,《소크라테스 이전의 철학자들 *Die Vorsokratiker*》
- 에피쿠로스,《두려움의 극복에 관하여 *Von der Überwindung der Furcht. Katechismus, Lehrbriefe, Spruchsammlung, Fragmente*》
- 아르투르 쇼펜하우어,《나는 재미를 아는 남자다 *Ich bin ein Mann, der Spaß versteht. Einsichten eines glucklichen Pessimisten*》
- 지그문트 프로이트,《창조적인 작가와 몽상》

11

비판적 사고
과감히 알려고 하라

나만 바보가 된 것 같은 순간이 있다. 다들 잘 아는데, 다들 당연하다고 생각하는데 나만 남들이 하는 짓이 이상하고 마음에 안 든다. 인간은 사회적 동물이기 때문에 집단에서 밀려나고 싶은 사람은 없다. 그래서 자신의 생각과 의혹을 누르고 다수의 의견이나 다수의 행동에 동참하려는 경향이 있다.

도저히 납득할 수 없는 일과 마주칠 경우 찜찜한 기분을 억지로 참지 말고 시간을 두고 고민해 보자. 무엇이 이상하고 무엇이 당황스러운가? 호기심을 갖고 분석해 보자.

고대 그리스어 중에 '타우마제인taumazein'이라는 말이 있다. 흔히 '놀람' 혹은 '경탄', '경이'로 번역되기도 하지만, 그 정도 뜻만으로는 이 단어의 무게를 완벽하게 담아낼 수 없다. 아리스토텔레스는《형이상학》에서 '타우마제인'을 모든 철학의 시초라고 말했다. 그는 이런 생각을 스승인 플라톤에게서 물려받았다. 경이로움이 철학의 시초인 까닭은 인간이란 설명할 수 없는 것, 이해할 수 없거나 확실해 보이지 않는 것을 만나면 그것이 돌부리라도 되는 듯 걸려 넘어지는 존재이기 때문이다.

어떤 일이 기대에 어긋나서 진심으로 놀란 적이 있는가? 마지막으로 그런 기분을 느껴 본 것이 언제였는가? 대답보다 질문이 더 많이 떠오르던 때가 있었나? 그 순간 당신은 어떤 기분이 들었나? 짜증이나 불쾌감? 아니면 더 심오한 것이 숨어 있을지도 모른다는 호기심?

경이는 더 많은 질문을 던지고 더 깊은 곳을 파헤치기 위한 출발점이다. 모르는 것이 없다면 질문도 없고 뒤를 더 캘 이유도 없다. 정말로 이해할 수 있다면 문제도 없다. 그러나 살다 보면 이해할 수도, 용납할 수도 없는 일들을 무수히 만나게 된다. 그런 순간 당신은 어떤 반응을 보이는가? 그런 상황이 워낙 익숙해서 대충 넘어가 버리지는 않는가?

이해할 수 없는 일에 놀라고 경탄하는 자세를 잃지 않으면 큰 선물을 받게 된다. 자기만의 관점으로 고민하기 시작할 테고, 스스로 해결책을 모색할 것이기 때문이다. 이러한 독자적 사고야말로 인간에게 수많은 발견과 발명을 가져다준 위대한 능력이다. 적지 않은 혁신적 발견과 인식이 과학적 인식의 주류를 거슬러 자신만의 깨달음을 얻은 덕분에 가능했다.

물론 그런 깨달음 중에는 비극으로 막을 내린 경우도 없지 않다. 19세기 중반 헝가리-오스트리아 제국의 의사 이그나츠 젬멜바이스는 의사들의 위생 관념이 부족한 탓에 산욕열産褥熱이 생긴다는 사실을 알아냈다. 그러나 그의 주장은 당시 의학계의 생각과 거리가 멀었다. 결국 그는 동료 의사들 손에 끌려 정신병원에 갇혔고 그곳에서 생을 마감했다. 물론 그의 이론은 훗날 정당성을 인정받았고, 그의 이름은 후세에 길이 남았다.

현재 상황을 향해 던진 물음표가 세상을 바꾼 일은 자연 과학에만 그치지 않는다. 비판적 모색과 독자적 사고는 사회 발전에도 크게 이바지한다. 키니코스학파의 여성 철학자 히파르키아는 여자는 집을 지키고 남자만 사회 활동을 해야 한다는 고대 아테네의 전통적 성 역할에 의문을 제기했다. 토론을 하다가 그녀에게 패한 한 남성 철학자가 그녀가 여자임을 알리기 위해 사람들 앞에서 그녀의 옷을 벗겼지만, 그녀는 전혀 분노하거나 부끄러워하지 않고 담담히 말했다. "맞아요, 테오도로스. 하지만 내가 베틀에 앉아 허비했을 시간에 교양을 쌓은 것이 잘못이라고 생각해서는 안 될 거예요."《개의 지혜》키니코스학파의 철학자들은 주류를 벗어나더라도 나름의 평가와 판단을 내렸다. 히파르키아 역시 다르지 않아서, 여자도 남자와 똑같이 생각할 수 있고 사람들 앞에서 자기 생각을 말할 권리가 있다는 자신의 판단을 세상에 당당히 알렸다.

1784년, 철학자 임마누엘 칸트는 〈계몽이란 무엇인가라는 물음에 대한 대답〉이라는 제목으로 논문을 발표했다. 그 논문에는 다음과 같은 구절이 있다.

"계몽이란 스스로 초래한 미성숙 상태에서 벗어나는 일이다. 미성숙이란 다른 사람의 지도 없이는 자신의 이성을 사용할 수 없는 상태를 말한다. 그 원인이 이성의 결핍에 있는 것이 아니라 이성을 사용할 결단과 용기의 결핍에 있을 때, 인간은 미성숙 상태를 스스로 책임져야만 한다. 그러므로 계몽의 모토는 다음과 같다. '과감히 알려고 하라!' '용기 내어 당신의 이성을 사용하라!'"《전집 9권》

칸트는 그 시대 사람들에게 일상을 당연하게 여겨 만족하지 말고 비판적으로 성찰하라고 외쳤다. 그러자면 익숙한 것들은 물론이고 소위 권위라는 것에도 의문을 품어야 하므로 용기가 필요하다. 그 점에서는 지난 2백 년 동안 달라진 것이 별로 없다. 인간은 습관의 동물이므로 저항을 최소화하는 길을 택하려고 한다. 그 길이 편안할 것이기 때문이다. 그러나 저항이 적은 길이 반드시 행복한 인생으로 안내하지는 않는다. 편안함과 비겁함은 독자적 사고를 가로막는 가장 큰 걸림돌이다. 생각과 의심을 소위 전문가라는 사람들에게 맡겨 버리라고 채근하기 때문이다. 20세기가 낳은 위대한 여성 철학자 한나 아렌트는 이렇게 말했다. "인간은 어떤 일을 하지 않아도 아주 잘 살 수 있다. 하지만 그것이 무엇이든 일어난 일에 관해 이해하려고 노력하지 않고는 살 수가 없다."《나는 이해하고 싶다》

지금 우리는 지식 사회라 불리며 평생 교육을 강조하는 세상에 살고 있지만, 한나 아렌트의 말은 여전히 현실성을 잃지 않는다. 비판적 사고 능력은 지식 습득과는 별 상관이 없기 때문이다. 능력을 발휘하기 위해서는 지식이 필요하겠지만, 우리가 하는 일과 그 일을 하는 방식이 과연 의미 있는지를 따지기 위해서는 비판적 사고가 필요하다. 그것은 단순한 지식과는 전혀 다른 능력이며, 행복한 인생을 만들어 가기 위해 없어서는 안 될 능력이다.

비판적 사고는 전문가에게 맡기고 나는 그저 그들의 말대로 따르겠다고 생각해서는 안 된다. 누구도 당신을 대신하여 숨을 쉬어 줄 수 없듯, 누구도 당신을 대신하여 생각해 줄 수 없다. 물론 다른 사람의 조언을 구하는 것은 필요한 일이다. 특히 경험 많은 사람의 충고는 새겨들어야 한다. 하지만 조언을 구하는 것과 그들의 의견을 점검 없이 무조건 받아들이는 것은 전혀 다른 태도이다. 비판적 사고는 몸에 밴 사고 패턴을 찾아내어 그것을 넘어서는 것이다. 많은 해결책이 통하지 않은 이유도 따지고 보면 결국 문제를 일으킨 그 사고 패턴과 뒤엉켜 있기 때문이다.

알베르트 아인슈타인은 말했다. "문제는, 그 문제를 일으킨 사고 방식으로는 절대로 해결할 수 없다."

참고 자료

- 한나 아렌트,《나는 이해하고 싶다*Ich will verstehen. Selbstauskunfte zu Leben und Werk*》
- 임마누엘 칸트,《전집 9권*Werke. Bd. 9*》
- 게오르크 루크 편역,《개의 지혜*Die Weisheit der Hunde. Texte der antiken Kyniker*》

12

늑대와 춤을
인생의 답은 자연에 있다

"나는 숲으로 갔다. 신중하게 살면서 삶의 본질적인 면에 부
딪쳐 보고 싶었기 때문이다. 그리고 배워야만 하는 것을 배울
수 있는지 확인해 보고 싶었다. 임종을 앞두고서 제대로 살지
않았다고 후회하고 싶지 않았기 때문이다. 나는 삶이 아닌 삶
을 살고 싶지 않았다. 삶이란 정말로 소중한 것이니까. 나는
불가피한 경우가 아니면 체념하고 싶지 않았다. 깊이 있는 삶
을 살며 삶의 골수를 완전히 빨아 먹고 싶었고, 의연하고 치열
하게 살아 삶이 아닌 삶을 쫓아 버리고 싶었다." 《월든》

1845년, 미국의 젊은 철학자 헨리 데이비드 소로는 숲으로
들어가 월든 호숫가에 작은 오두막을 짓고 2년 동안의 실험을

시작했다. 번잡한 세상을 벗어나 자연과 하나 된 삶을 실천하는 실험이었다. 그리고 숲에서 보낸 그 시간의 경험을 《월든》에 담았다. 1854년 처음 세상에 나온 이 책은 출간 당시에는 별다른 반향을 일으키지 못했다. 그러나 시간이 지날수록 그 가치를 더해 가며 자연을 잊고 살아온 현대인을 끊임없이 각성하게 했다. 나아가 미국 문학 최고의 수작 가운데 하나로 꼽히며 대안적 삶을 꿈꾸는 사람들에게 지금까지도 널리 사랑받고 있다.

번잡하고 시끄러운 도시를 떠나 숲에서 살며 그는 인간의 가장 기본적인 일에 몰두했다. "매일 아침이 다정한 초대였다. 내 삶을 자연처럼 소박하게, 자연처럼 천진하게 살아가라는 초대였다." 그는 직접 재배한 옥수수로 빵을 구웠고, 산딸기를 따고 콩과 감자를 수확했다. 한마디로 자연과 하나가 되어 살았다. "어떻게 자연과 하나 되어 살지 않는단 말인가? 나 자신이 나뭇잎과 부식토의 일부가 아닌가?" 그는 홀린 듯 밤 제비의 울음소리에 귀를 기울였고, 호수 위를 나는 물수리의 날갯짓을 넋을 잃고 바라보았다. "내가 일상에서 거두는 진짜 수확은 아침이나 저녁의 빛깔처럼 손으로 만질 수도, 말로 설명할

수도 없는 것이다. 그것은 손에 쥔 자그마한 별 조각이고, 움켜잡은 무지개 조각이다."《월든》

마지막으로 떠오르는 해를 바라본 것이 언제인가? 시작되는 하루를 온전히 맑은 정신으로 맞이했던 때는 언제인가? 희뿌옇게 동이 트며 만물이 제 모습을 찾기 시작하고 새들이 아침 인사를 건네고 온 세상이 깨어나는 순간, 조용한 장소를 찾아 온 마음으로 그 아침을 맞이해 보라. 산 위에 올라, 바닷가에 서서, 탁 트인 벌판에서 지평선을 바라보며 뜨거운 가슴으로 떠오르는 해를 맞이해 보라. 깨어나는 하루의 소리에 귀 기울여 보라.

자연을 사랑한 철학자 소로는 자연과 하나 된 삶을 갈망하는 사람들의 본보기가 되었다. 살아생전 그는 친구이자 멘토였던 철학자 랠프 월도 에머슨의 이상주의 운동에 힘을 보탰다. 두 철학자는 자신들을 스스로 '초월주의자'라 부르며 자유와 자연을 사랑하는 삶을 살았다. 자기 안에 숨은 원초적인 모습과 인간 존재의 자연적 뿌리로 돌아가는 것이 그들의 목표였다. 그들은 숨 가쁘게 달리고 군중에 치여 뿌리를 잃어버린 현대인의 삶을 비판했다. 이 같은 노력은 현대의 시민권 운동, 여성 운동, 자연 보호 운동에도 지대한 영향을 미쳤다.

또한 그들은 임마누엘 칸트와 프리드리히 빌헬름 셸링의 자연철학으로부터 영향을 받았다. 그래서 우주를 '만물이 계속 생성하며 모든 것이 모든 것의 일부인 역동적 유기체'로 보았다. 그런 우주에서 인간의 의식 발전은 자연의 활동과 밀접하게 얽혀 있다. "숲에 들어가면 우리는 이성과 믿음으로 돌아간다." 유명한 저서《자연》에서 에머슨이 한 말이다. 그 말의 바탕에는 인간은 자연을 바라보면서 자신의 본성을 깨닫게 된다는 확신이 깔려 있다. "조용한 시골에서, 특히 먼 지평선에서 인간은 자신의 본성처럼 아름다운 것을 본다. 들판과 숲이 우리에게 베풀 수 있는 최고의 선행은 알고 보면 인간과 식물도 친척이라는 깨달음이다."

인생에서 진짜 중요한 질문의 답은 자연에 있다. 그러니 고민이 생기면 숲이나 들로 나가 보라. 숲길을 걸으며 자연이 던져 주는 해답에 귀 기울여 보자. 자연 속을 거닐며 풀리지 않던 질문을 던져 보자. 그리고 그 대답을 가슴 깊이 새기자.

19세기 철학자들도 그렇게나 소중히 여겼던 깨달음이니 지금의 우리에게는 더 말할 나위가 없을 것이다. 우리가 사는 현대는 그들의 세상보다 훨씬 더 시끄럽고 빠르게 돌아가니 말이다.

자연과 하나 되어 살 수 있는 호젓한 곳을 그리워하지 않는 현대인이 몇이나 되겠는가? 자연의 순환과 하나 될 수 있는 삶을, 분리와 소외의 고통스러운 느낌을 극복하고 다시 우리가 사는 세상에 홀딱 빠질 수 있는 그런 삶을 바라지 않는 사람이 어디 있을까? 자연에서 우리가 경험할 수 있는 것이 바로 그런 삶이다.

자연의 품에서 우리는 자신의 본성과 닿을 수 있고, 시끄럽고 분주한 일상에 묻혔던 중요한 가치를 되찾을 수 있다. 그곳에서 우리는 자신의 존재를 깊게 이해할 수 있고, 고요와 적막의 시간을 경험할 수 있다.

"자연의 노래를 따라 불러라. 그 비결은 인내이다." 에머슨은 이렇게 충고했다. "아무리 근심이 많은 사람도 자연에 들어가면 놀랍도록 마음이 편안해진다. 자연이 이렇게 말하기 때문이다. '인간도 나의 피조물이기에 마음을 짓누르는 근심이

있어도 나와 함께 있으면 행복하리라.'"《자연》

자연은 위안을 준다. 그 품에 안기면 근심도 무게를 잃는다. 별을 보고 있으면, 끝없는 바다에 일렁이는 파도를 보고 있으면, 지금껏 너무나 중요하다고 생각했던 것들도 절로 의미를 잃는다. 그리고 자연의 원초적 힘에 다가간다. 그렇기에 에머슨은 이렇게 외쳤다. "숲에 들어가면 누구든 뱀이 허물을 벗듯 세월을 벗고 나이와 관계없이 어린아이가 된다. 숲에는 영원한 젊음이 있다."

에머슨에게도, 철학의 길동무 소로에게도 자연은 신의 존재를 깨달을 수 있는 곳이었다. 자연은 종교의 공간, 기도의 공간이 된다.

숲속 오두막에서 소로는 만물에서 살아 숨 쉬는 신을 감지한다. 싹을 틔우는 잎에도, 떨어지는 빗방울에도, 새들의 노랫소리에도, 천둥소리에도 신은 살아서 움직인다. 소로는 말한다. "자연에는 신성이 넘친다. 그래서 작은 눈송이 하나도 그 손에서 벗어나지 못한다."《뿌리에서 온 삶》

에머슨도 이런 신성의 경험을 멋진 표현에 담았다. "나는 하나의 투명한 눈알이 된다. 나는 아무 존재도 아니며, 모든 것이 보인다. 보편적인 존재의 흐름이 내 몸속을 돌아다닌다. 나는 신의 일부, 혹은 작은 조각이다." 《자연》

참고 자료

• 랠프 월도 에머슨, 《자연》
• 헨리 데이비드 소로, 《월든》, 《뿌리에서 온 삶 *Leben aus den Wurzeln*》

III

나는 사람답게
살고자 잠에서
깨어난다

마르쿠스 아우렐리우스

13

행복은 내 손 안에!
할 수 있는 일과 할 수 없는 일을 구분하라

"사람들을 불안하게 하는 것은 사물 그 자체가 아니라 그들의 생각과 판단이다." 《도덕의 핸드북》 스토아학파 철학자 에픽테토스의 이 짧은 말은 행복한 삶의 문을 열어 주는 소중한 열쇠이다. 우리 인생의 주도권을 우리 손에 쥐여 주기 때문이다. 물론 에픽테토스는 우리가 할 수 있는 일이 극히 미미하다는 사실을 잘 알았다. 실제로 인간이 할 수 있는 일은 사실 그리 많지 않다.

아무리 꼼꼼하게 계획을 세우고 온갖 방비책을 마련해도 결국 우리 뜻대로 되지 않는 것이 인생이다. 그러고 보면 인생은 참으로 취약하다. 아무리 노력해도 이 취약성을 막을 방도는 없다. 그래서《블랙 스완》의 저자인 미국의 경제 분석가 나심 니콜라스 탈레브는 '안티프래질Antifragile, 反취약성'을 주창한다. 안티프래질은 '깨지기 쉬운'을 의미하는 프래질fragile에 '반대'를 뜻하는 접두어 안티anti를 붙여 그가 만든 신조어다. 탈레브가 말하는 안티프래질이라는 시스템에는 외부에서 만들어 줄 수 없는 자동 조절 저항력이 있는데, 바로 이것이 무너지지 않도록 보호하자고 그는 주장한다. 그러기 위해 더 많은 계획을 세우고 더 튼튼한 안전장치를 달자는 뜻이 아니다. 오히려 그 반대이다. 적을수록 풍요롭다! 즉, 세상 만물이 자연스럽게 흐르도록 놓아두어야 한다는 이야기다.

에픽테토스는 우리에게 외친다. "세상사가 네 뜻대로 되기를 바라지 말고 네 뜻이 세상사대로 되기를 바라라. 그러면 인생은 유쾌하게 흘러갈 것이다."《도덕의 핸드북》

인생의 강물에 뛰어들어 그 물결을 따라 흘러가는 사람이 강물을 거슬러 오르는 사람보다 에너지를 훨씬 적게 소모한다. 물론 에픽테토스가 한 말을 다수의 의견에 무조건 복종하고 동조하라는 뜻으로 해석해서는 안 된다. 그가 권하는 것은 삶과 삶의 흐름에 적극적으로 응하는 자세이다. 세상만사에 저항하지 않고 인생의 흐름에 몸을 맡기는 것이 행복하다는 중국 도교의 지혜가 다시 한번 떠오르는 대목이다.

앞서 인용한 에픽테토스의 말에서 또 한 가지 배울 점이 있다. 우리에게 일어나는 일을 우리 마음대로 바꿀 수는 없지만, 그 일을 바라보는 우리의 생각과 판단은 얼마든지 바꿀 수 있다는 사실이다. 우리는 대개 어떤 사건이나 문제가 우리 마음에 감정을 불러일으킨다고 생각한다. 어떤 일에서 불쾌함을 느끼면 그 일 자체가 불쾌하다고 여긴다. 하지만 그 생각은 틀렸을 뿐 아니라 때로는 치명적인 악순환을 불러온다. 그 사건 자체가 그런 감정을 불러오는 것이 아니라 그것에 대한 우리의 판단이 감정의 원인이다. 사건 자체가 불쾌한 것이라면 세상 모든 사람이 같은 판단을 하고 같은 느낌을 받아야 하는데 그렇지가 않다. 옛말에도 이런 말이 있지 않은가? "누군가에게는 기쁨이 누군가에게는 슬픔이다."

예를 들어 당신은 개를 무서워한다. 개를 보면 그 즉시 마음 속에서 불안이 솟구친다. 그래서 당신은 개는 위험한 동물이라고 결론 내린다. 마주칠 때마다 매우 구체적으로 불안과 공포를 느끼기 때문이다. 당신의 개인적 경험은 개가 위험한 동물이라는 확신을 뒷받침하는 증거가 된다. 하지만 공포를 일으키는 것은 개 자체가 아니라 개에 대한 당신의 판단이다. 그 둘은 정말로 큰 차이가 있다. 눈앞에 걸어오는 개를 쫓아 버릴 수는 없어도 모든 개가 위험하다는 당신의 생각은 바꿀 수 있기 때문이다. 그런데 이런 깨달음이 행복한 삶과 과연 무슨 상관이 있을까?

불쾌하고 무섭고 걱정스러웠던 상황을 떠올려 보자. 그 상황에서 당신과 달리 무서워하지도 걱정하지도 않는 사람이 있었는가? 그 사람에게서 무엇을 배울 수 있을까? 당신도 그 사람처럼 다른 관점에서 볼 수는 없을까? 심지어 새로운 경험을 할 기회로 삼을 수도 있지 않을까? 여러 관점으로 세상을 바라보면 당신이 취할 수 있는 행동의 선택지도 많아진다.

에픽테토스는 자신의 판단을 어떻게 다루어야 할지에 관해서도 매우 실질적인 충고를 건넨다. "언짢은 기분이 들거든 그 기분에 저항해야 한다. '이건 겉모습일 뿐이야. 그렇게 보일 뿐이라고.' 그런 다음 그 기분을 당신이 아는 규칙에 따라 점검하고 감정해야 한다. 과연 그 기분이 당신 뜻대로 할 수 있는 것인지 할 수 없는 것인지 살펴야 한다. 만일 뜻대로 할 수 없는 것이라면 대답은 하나뿐이다. '아무려면 어때!'"《도덕의 핸드북》

다시 말해 자기가 할 수 있는 것과 할 수 없는 것을 구분하는 일이 중요하다. 우리가 마음대로 할 수 있는 것은 자기 자신이 실제로 영향력을 미칠 수 있는 것들, 즉 확신, 생각, 습관, 의견 등이다. 그 밖의 모든 것에는 우리가 미칠 수 있는 영향력이 미미하다. 당신이 다니는 회사가 문을 닫으면, 장마가 오거나 주가가 폭락하면, 당신이 할 수 있는 일은 별로 없다. 그러나 장마와 주가 폭락으로 당신의 하루를 망치느냐 아니냐는 오로지 당신 마음에 달렸다.

뜻대로 할 수 없는 일을 뜻대로 하려고 하면 당연히 문제가 생긴다. 에픽테토스는 이럴 때를 대비해서도 간단하지만 효과 좋은 비책을 가르쳐 주었다. '아무려면 어때!' 하고 생각하는 것이다. 정말 간단하고 명료하다. 에픽테토스의 이 처방을 '이래도 좋고 저래도 좋다'는 무관심으로 해석해서는 안 된다. 그가 우리에게 권한 것은 요샛말로 하자면 '정신 위생', 즉 정신 건강을 위한 실천적 수단이다. 자기 뜻대로 할 수 있는 일에만 힘을 쏟으면 성공 확률도 높아질 것이므로 만족감도 커진다. 만족감이야말로 행복한 인생의 필수 요건이다.

우리의 판단이 외부의 상황이나 사건 탓이 아니라 매우 자의적일 수 있는 우리의 주관적 평가에 좌우된다는 사실을 명심한다면, 우리 인생은 물론이고 주변 사람들과의 관계도 달라질 수 있다.

그래서 실천적 철학자 에픽테토스는 충고한다. "누가 너무 급하게 몸을 씻거든 잘못 씻는다고 말하지 말고 너무 급하게 씻는다고 말하라. 누가 술을 너무 많이 마시거든 나쁘다고 말하지 말고 너무 많이 마신다고 말하라. 그가 왜 그렇게 행동하는지 모르는 채로 그 행동이 나쁘다고 마음대로 판단해서는 안 된다. 그래야 눈에 보이는 대로 믿고 너무 성급하게 남의 뜻에 동조하는 어리석음을 피할 수 있다." 《도덕의 핸드북》

타인의 행동만 보아서는 그 동기도 목적도 알 수 없다. 따라서 함부로 최종 판단을 내려서는 안 된다. 그 판단이란 것도 알고 보면 개인의 평가에 불과할 때가 많기 때문이다. 사람 간의 갈등도 따지고 보면 객관적 상황이 아닌 개인의 생각을 앞세우기 때문에 불거진다. 그 사실만 명심한다면 자기 의견을 한 발 뒤로 물리고 올바른 판단을 내리기 위해 노력할 수 있을 것이다.

참고 자료

• 에픽테토스, 《도덕의 핸드북 *Handbuchlein der Moral*》

14

긍정의 힘
네 운명의 주인이 되어라

"나는 내 운명의 주인이요, 내 영혼의 선장이다." 미국 작가 윌리엄 어니스트 헨리가 1875년에 발표한 유명한 시 〈인빅투스*Invictus*〉의 한 구절이다. 그는 생명이 위태로운 힘든 상황에서 자기 자신에게 용기를 주려고 이 시를 썼다. 그리고 100년이 흐른 후, 그의 시는 남아프리카공화국의 인권 운동가 넬슨 만델라에게 오랜 감옥 생활에도 용기를 잃지 않도록 격려와 희망을 불어넣어 주었다. 만델라만이 아니다. 많은 사람이 시 한 구절, 철학자의 명언 한 마디에 힘을 얻어 어려운 시절을 견디고 가혹한 운명을 이겨 낼 수 있었다고 고백한다.

우리의 정신도 근육처럼 단련할 수 있고, 어려운 상황일수록 긍정적인 생각을 가꾸어야 한다는 것은 고대 철학자들도 이미 알고 있던 사실이다. 지금으로부터 2천5백 년도 더 전에 피타고라스가 바로 이런 정신 훈련 방법을 개발했다. 알다시피 그는 수학의 천재이다. 그가 발견한 '피타고라스의 정리'는 지금까지도 온 세상 학생들이 자다가도 줄줄 외우는 수학의 기본 원리이다. 그러나 그는 거기서 그치지 않고 현명하고 카리스마 넘치는 리더의 자질을 발휘하여 수많은 추종자에게 절제와 겸손, 윤리적인 삶을 가르쳤다. 그 가르침의 중심에 있는 것이 신체적, 정신적 단련이다.

피타고라스는 피타고라스학파가 추구하는 삶의 방식을 담은 인상적인 시를 남겼는데, 그것이 바로 〈황금 시편〉이다. 그의 추종자들은 정신적 단련을 위해 〈황금 시편〉을 매일 암송했고, 계속 반복하여 암기함으로써 마음속 깊이 새겼다고 한다. 그렇게 함으로써 부정적인 생각을 몰아내고 긍정적 동기로 정신을 가득 채운 것이다. 현대 심리학은 이를 정신 위생이라고 부르며, 현대 두뇌 연구도 이 방법의 효과를 실험을 통해 입증했다. 우리 두뇌는 신경가소성 덕분에 부정적 시냅스를 긍정적 경험으로 덮을 수 있고, 비관적 신념을 낙관적 신념으로 대체할 수 있으며, 비판적인 내면의 목소리를 확신에 찬 목소리로 개조할 수 있다. 고대 철학자들은 우리 뇌가 어떻게 작동하는지는 몰랐지만, 어떻게 하면 낙관적 신념으로 정신을 채울 수 있는지는 잘 알았다. 따라서 사람들에게 실천적 가르침을 주고, 정신 단련과 좋은 습관의 유익함을 거듭 강조했다. 좋은 가르침을 듣고 읽은 후 그것을 실천하고 연습하여 습관으로 기른다면 행복한 인생에 필요한 영감을 얻을 수 있을 것이다.

작은 노트를 하나 마련해서 감동을 주거나 힘이 되는 좋은 명언이나 시구를 적어 보자. 시간 날 때마다 펼쳐 읽다 보면 외울 수도 있을 테고, 그러면 힘든 순간에 절로 그 구절이 떠오를 것이다. 그 구절을 메모지에 적어 매일 볼 수 있는 곳에 붙여도 좋다. 긍정적 신념을 키우는 데 큰 도움이 될 것이다.

모든 사람은 자기 방식대로 세상을 보기 때문에 세상에 대한 이미지도 제각기 다르다. 하지만 그 사실을 잊고 자신의 해석만이 옳고 보편타당하다고 확신한다. 자신의 해석이 자신의 경험과 그 경험을 바탕으로 내린 결론을 먹고 자란다는 사실을 놓치고 있기 때문이다. 계몽주의 철학자 임마누엘 칸트도 모든 인식은 인식하는 사람에 의해 좌우된다고 말했다. 인식하는 사람이 인식의 내용을 만드는 것이다.

우리 역시 현실을 있는 그대로 보지 않고 자신에게 익숙한 모습으로 본다. 세상에 대한 자신의 견해나 생각만 본다. 결국, 그것이 우리의 운명을 만든다. 행복한 삶의 기반을 다지고 싶다면 먼저 자신이 세상을 어떻게 해석하고 있는지, 자신이 지니고 있는 신념이 무엇인지부터 깨달아야 한다. 그런 다음 이렇게 물어야 한다. 성공을 약속하는 유익한 신념은 어떤 것인가? 불행을 재촉하고 고통을 부르는 신념은 없는가? 소크라테스도 신념이 정신과 신체 건강에 긴밀하게 영향을 미친다고 주장했다. 그리고 광장으로 나가 지나가는 사람들을 붙들고 캐물음으로써 그들의 신념을 시험대에 올렸다. 묵은 신념을 버려야 새것이 들어올 수 있음을 잘 알았기 때문이다. 피타고라스는 〈황금 시편〉에서 다음과 같은 충고로 우리에게 성찰을 권유한다.

"오늘 하루 너의 모든 행동을 세 번씩 되짚어 보기 전에는 아무리 피곤해도 눈을 감고 잠을 청해서는 안 된다.

잘못한 일은 없는가?

사랑으로 성취한 일은 무엇인가?

하지 못하고 놓친 일은 없는가?

제일 중요한 일부터 시작하여 모든 행동을 훑어 나가라.

잘못을 저질렀다면 자신을 꾸짖고, 잘했다면 기뻐하라.

자유 의지로 노력하고 자유 의지로 정성껏 훈련하라.

이 모든 것을 사랑으로 가꾸어 나가라." 〈황금 시편〉

어떻게 하면 이런 의지를 키울 수 있을까? 우리의 생각과 행동을 옭아매는 부정적 신념을 어떻게 털어 버릴 수 있을까? 어떻게 해야 좋지 않은 묵은 습관을 바꿀 수 있으며 생각 없는 반사적 반응을 막을 수 있을까? 현대 신경심리학이 이러한 질문에 대한 답을 내놓았다. 더불어 효과적인 훈련 방법을 제시한다. 불교 신자인 신경심리학자 릭 핸슨은 긍정적 자세를 키울 수 있는 방법을 개발했다. 인간의 뇌는 부정적인 경향이 강해서 긍정적 경험보다는 부정적 경험을 더 빨리 받아들인다.

그러므로 긍정적 자세를 키우려면 적극적 노력이 필요하다. 즉, 우리가 나서서 긍정적 경험을 강화함으로써 부정적 경험을 쫓아내야 한다. 이를 위해 핸슨은 다음 세 단계 훈련을 권한다. 첫째, 긍정적 경험을 하고, 둘째로 그 경험을 충실하게 채우며, 끝으로 그 경험을 흡수하여 마음 깊은 곳에 꼭꼭 담는다. 이 과정은 마치 장작불을 지피는 것과 같다고 핸슨은 설명한다. 먼저 불을 피우고 불이 잘 타도록 장작을 불에 얹은 다음 불 가에 앉아 손을 쬐는 것이다.

뇌의 초점을 긍정적이고 아름다운 것에 맞추면, 미처 깨닫지 못하고 흘려보낼 수 있는 수많은 아름다운 순간을 기쁨의 계기로 삼을 수 있다. 그렇게 시냅스에 더 많은 행복과 만족을 심어서 행복의 발자국을 뇌에 남기다 보면 결국 낙관적인 눈으로 세상을 바라볼 수 있을 것이고, 힘든 일이 있어도 더 굳건한 마음으로 그 시간을 보낼 수 있을 것이다.

오늘부터라도 긍정적 경험의 보물창고를 만들어 보자. 숲이나 강변을 산책하기를 권하고 싶다. 눈에 들어오는 장면, 귀에 들리는 소리, 코로 느껴지는 냄새와 입으로 느껴지는 맛, 몸에 닿는 느낌, 그 모든 것을 깨어 있는 마음과 정신으로 받아들여 보자. 온몸의 감각을 안테나처럼 세우고 밀려드는 자극을 한껏 받아들이자. 숨을 깊게 들이쉬고 내쉬기를 반복해 보자. 새소리, 나뭇잎 소리, 저 멀리서 들려오는 아이 소리에 귀를 세워 보자. 아름다운 풍경을 카메라에 담듯 눈에 담아 보자. 허리 굽혀 작은 꽃잎을 만져 보고, 고개 들어 파란 하늘을 올려다보자. 계절의 향기를 들이켜고 나무껍질의 거친 촉감을 느껴 보자. 그 모든 것을 내 것으로 만들려면 시간을 충분히 들여 집중해야 한다. 릭 핸슨은 적어도 20초 동안 완벽하게 집중하라고 충고한다. 그래야 그 경험이 행복의 발자국이 되어 우리 뇌에 각인되고, 그래야 나중에 언제라도 다시 불러낼 수 있다.

참고 자료
- 릭 핸슨, 리처드 멘디우스, 《붓다 브레인》
- 임마누엘 칸트, 《순수이성비판》
- 피타고라스, 〈황금 시편 Die goldenen Verse des Pythagoras〉

15

모든 일에는 때가 있다

기회가 왔을 때 움켜잡아라

시간이 돈이다. 따라서 무조건 빨리빨리 해치워야 하는 세상이다. 참고 기다리는 것이 미덕인 시대는 지났다. 무슨 결정이든 몇 초면 충분하다고 생각한다. 이런 가속화의 경향은 무엇보다 기술 발전, 특히 통신 기술의 발전과 밀접한 관련이 있다. 예전에는 어떤 문제가 생기거나 누구에게 제안이나 문의를 받으면 하룻밤 조용히 고민한 후 대답하는 것이 미덕이라고 여겼다. 하지만 이메일과 SNS의 시대인 지금은 즉각적으로 반응을 보내야 한다. 생각을 숙성시킬 시간이 없고 곰곰이 따지며 고민할 여유가 없다. 이런 식으로 후다닥 내린 결정이 최고의 결실을 보지 못하는 것은 어찌 보면 당연한 결과이다.

텃밭을 가꿔 본 사람이라면 시간의 필요성을 잘 알 것이다. 과일과 채소가 자라서 익으려면 시간이 필요하다. 세상만사에는 다 때가 있으므로 안달복달하며 채근해서는 안 된다. 이는 동서양을 막론하고 철학자들이 힘주어 강조했던 진리이다. 중국 속담에도 '현명한 자는 서두르지 않으며 서두르는 자는 현명하지 않다'는 말이 있다. 이런 관점에서 본다면 지금 우리가 사는 세상은 그 지혜로부터 수억만 광년은 떨어져 있다. 우리는 허겁지겁 이곳에서 저곳으로, 이 사건에서 저 사건으로 옮겨 다닌다. 진실하고 심오한 것을 찾아 쉬지 않고 움직이지만, 정작 참고 견디며 그것이 날개를 펼 시간과 공간을 마련해 주지는 못한다. 당장 결과가 손에 잡혀야 하고 당장 써먹을 수 있어야 한다.

아무리 그래도 항상 행동과 노력의 결실을 단박에 손에 넣을 수는 없다. 살다 보면 억지로 재촉해서는 안 되는 일이 더 많다. 아프리카 속담에도 이런 말이 있다. '풀을 잡아당긴다고 해서 더 빨리 자라지는 않는다.' 인간이 끼어들어 억지로 속도를 높였다가 오히려 일을 그르칠 수 있다. 억지로 잡아당긴 풀은 빨리 자라기는커녕 뿌리가 뽑혀 말라 죽고 말 것이다.

죽어라 노력했는데도 도무지 일이 풀리지 않은 경험이 있을 것이다. 몇 년씩이나 죽을 고생을 했는데 한 발자국도 진척이 없다. 아니, 진척은커녕 노력하면 할수록 뒷걸음질하는 기분까지 든다. 사방이 꽉 막혀 답답하다. 어차피 성공은 물 건너갔다는 생각이 든다. 이제 어쩔 도리가 없다고 체념하여 노력을 멈추고 관심을 딴 곳으로 돌린다. 그런데 갑자기, 너무나 쉽게 일이 성사된다. 바로 이것이 '제때'이다.

수많은 위대한 발명이 포기를 코앞에 둔 시점에 탄생했다. 아무리 해도 소용없을 것 같아 단념하려는 찰나, 갑자기 결정적인 아이디어와 지식이 번뜩인다. 원소 주기율표를 발표한 러시아의 화학자 드미트리 멘델레예프도 화학 원소의 분류 기준을 찾기 위해 오랫동안 노력했지만 도무지 규칙을 찾지 못했다. 그러던 어느 날 밤 꿈에서 모든 원소가 규칙적으로 나열된 주기율표를 완성한다. 우리가 아는 원소 주기율표는 그렇게 탄생한 것이다.

그러나 과일이 익고 일이 성사되려면 단순히 시간을 두고 기다리는 것만으로는 안 된다. 제때를 알아차리는 지혜도 필요하다. 그리스 시대의 일곱 현인 중 한 사람인 게르보스의 피타코스는 말했다. "때를 알아라!" 그가 말한 때는 올바른 시점이다. 고대 그리스 사람들은 이 올바른 시점을 '카이로스Kairos'라고 불렀다. 올바른 카이로스, 유리한 카이로스를 얼마나 중요하게 생각했는지 심지어 신으로 숭배했을 정도이다. 그들은 카이로스 신을 정수리에만 머리털이 남은 대머리로 상상했다. 그래서 신이 떠나기 전에 얼마 안 되는 그 머리털을 얼른 붙잡아야 했다. 기회란 그런 것이다. 기회의 머리털도 떠나기 전에 얼른 낚아채야 한다.

시간을 나타내는 말 중에 '크로노스Cronos'도 있다. 같은 시간이지만 측정할 수 없는 카이로스와 달리 크로노스는 잴 수 있다. 크로노스는 그냥 흘러가면서 삶과 날과 해를 나누기 때문이다. 크로노스도 시간의 신이지만 카이로스와 달리 언제나 파악할 수 있고 경험할 수 있다. 따라서 굳이 기술을 발휘하여 찾아내고 붙들 필요가 없다.

원래 카이로스는 정확한 지점, 다시 말해 '무장했더라도 전사에게 치명적인 상처를 입힐 수 있는 지점'을 뜻했다. 그러나 이내 뜻이 바뀌어 올바른 시점을 의미하게 되었다. 트로이와 그리스의 10년 전쟁을 기록한 호메로스의 위대한 서사시《일리아드》역시 올바른 카이로스를 강조한다. 행동의 성공 여부는 그것을 올바른 카이로스에 실행했느냐에 달렸다. 그렇지 않으면 아무리 노력해도 좋은 결과를 기대할 수 없다.

카이로스를 알아차려서 붙드는 것은 대단한 기술이다. 때를 놓친 사람은 때가 아직 오지 않았는데 때가 되었다고 착각하는 사람과 마찬가지로 성공과 행복을 얻지 못한다. 그래서 플라톤은 카이로스를 행복한 삶의 기준이라고 불렀다. 때가 오기를 기다릴 줄 알고, 때가 오면 깨달을 줄 아는 삶이 진실로 행복한 삶이다. 제때를 알기 위해서는 지혜가 필요하다. 플라톤은 자신을 아는 자만이, 다시 말해 자기 삶을 의식적으로 대면할 각오가 되어 있는 자만이 제때를 깨닫는다고 말했다. 카이로스는 객관적인 숫자가 아니다. 아리스토텔레스도 그 점을 강조했다. 따라서 모든 상황, 모든 행동에서 카이로스를 새로 깨달아야 한다.

구약 성서에 등장하는 사상가 코헬렛은 아리스토텔레스도, 그의 저서도 알지 못했지만, 성경의 〈전도서〉에서 왜 모든 상황에서 카이로스를 새로 찾아야 하는지 그 이유를 설명했다.

"범사에 기한이 있고 천하만사에 다 때가 있나니, 날 때가 있고 죽을 때가 있으며 심을 때가 있고 심은 것을 뽑을 때가 있도다." 〈전도서〉 30장 1~2절

세상만사에는 다 때가 있다. 그것을 인간이 나서서 마음대로 조작하고 결정할 수는 없다. 인간이 할 수 있는 일은 그저 만반의 준비를 하고 때가 오기를 기다려 포착하는 것이다. 올바른 카이로스를 포착하는 데도 연습이 필요하다. 그러므로 언제나 신중하면서도 적절한 때에 삶에 과감하게 뛰어들 수 있는 능력을 길러야 한다.

참고 자료
• 성서 중 〈전도서〉

16

일상의 영웅들
왜 용기가 필요한가

윙슈트를 입고 고층 빌딩에서 뛰어내리며, 자일도 없이 깎아지른 듯한 수직의 산을 기어오르고, 자전거를 타고 까마득한 계곡을 풀쩍 뛰어넘는다. 유튜브에 접속하면 이처럼 용감한 이들의 숨 막히는 스턴트를 감상할 수 있다. 그 대담함은 고대의 서사시와 전설이 칭송했던 영웅들을 떠올리게 한다. 오랜 세월 용기의 대명사로 전해져 온 그 영웅들을.

그러나 스릴과 모험을 위해 목숨을 거는 것이 과연 용기일까? 아리스토텔레스도 이 문제를 고심했다. 그는《니코마코스 윤리학》에서 모든 미덕에는 중도가 있어야 한다고 말했다. 그리고 진정한 용기란, 비겁과 만용 사이에서 찾은 중도라고 보았다. 겁이 너무 많아도 제대로 행동하지 못하지만, 위험을 너무 과소평가해도 무모하게 행동하여 문제를 일으킬 수 있다. 따라서 아리스토텔레스는 진정으로 용기 있는 자는 '더 높은 목표를 추구하며, 그곳으로 가는 길에서 비겁과 만용 그 어느 것에도 흔들리지 않는 굳건함을 지닌 자'라고 말했다.

그의 스승 플라톤 역시 '용기는 선과 진리를 추구하는 태도이며 영혼의 힘을 보여 주는 것'이라고 확신했다. 따라서 플라톤은 용기를 지혜, 절제, 정의와 함께 4주덕主德이라 불렀다. 플라톤의 이러한 생각은 로마의 스토아학파로 계승되었고 기독교의 가치 규범에도 큰 영향을 미쳤다. 신학자이자 철학자인 토마스 아퀴나스는 용기를 경첩에 비유했다. 문을 단단히 붙들어 주는 경첩처럼 용기가 나머지 덕목들을 단단히 붙들어 준다고 생각했다. 그리고 용기 있는 사람이란 시험에도 물러서지 않는 사람, 두려움을 이기고 필요하다면 자신의 목숨마저 이웃과 정의를 위해 버릴 수 있는 사람이라고 말했다.

당신의 이상과 가치는 무엇인가? 당신은 무엇을 믿는가? 어떤 것을 위해서라면 위험도 감수하고 과감하게 몸을 불사르겠는가?

신문을 펼치면 비범한 용기의 사례들이 넘쳐난다. 자신의 목숨을 던져 남을 구한 사람들, 불타는 자동차에 뛰어들고 급류에 몸을 던지며 흉기를 휘두르는 범죄자를 막아서는 사람들. 그들에게 이유를 물으면 돌아오는 대답은 늘 같다. 그저 해야 할 일을 했을 뿐이다! 이 일상의 영웅들이 지극히 당연하다고 생각하는 용기는 인간의 본성을 되묻는 계기가 된다. 타인을 위한 그들의 이타적 헌신을 보면서 사회다윈주의와 신자유주의가 부르짖는 생존 경쟁, 즉 자기밖에 모르는 인간의 이기적 본성에 다시 한번 물음표를 찍게 되기 때문이다.

물론 용기를 보여 주기 위해 모든 사람이 불타는 자동차로 뛰어들어야 하는 것은 아니다. 목숨을 걸지 않고도 매일 조금씩 용기를 키워 가고자 마음먹을 수 있다. 도저히 못 하겠다고 생각한 일도, 두렵고 마음이 무거운 상황에서도, 힘을 내어 도전해 봄으로써 용기 근육을 단련할 수 있다. 기회는 일상에 지천으로 깔렸다. 훈련을 통해 용기를 키울 수 있다는 주장에는 아리스토텔레스도 손을 들어 주었다. "위험을 이겨 내는 습관이 들면 용기 있는 사람이 될 것이다. 용기 있는 사람이 되면 아주 쉽게 위험을 이겨 낼 수 있을 것이다."《니코마코스 윤리학》

그런데 아리스토텔레스의 경우 용기를 내기 위해서는 행복한 결말에 대한 확신이 꼭 필요하다고 했다. 그러나 아무리 행복한 결말을 바란다고 해도 결국 용기는 위험을 감수하는 것이다. 용감한 사람은 결말이 어떻든 행동의 필요성을 확신하기 때문에 위험도 감수한다. 편안하고 안전한 곳을 떠나 불확실한 곳으로 자신을 내던지며 장애물이 있어도 물러서지 않고 이겨 내리라는 결심을 다진다.

그런데 우리처럼 평범한 사람들은 과연 어디서 그런 용기를 길어 올릴 수 있을까? 우리에게 길을 가르쳐 줄 사람들이 있을까? 1세기에 그리스의 철학자 플루타르코스가 매우 효과적인 교육 방법을 개발했다. 현대 심리학에서 '모델링'이라고 부르는 바로 그 방법이다. 모델링은 모범이 되는 인물을 보고 배우는 사회적 학습을 말한다. 플루타르코스는 유명한 전쟁 영웅들의 전기를 기록해 그들의 영웅적 행위를 읽은 남성들의 모방 심리를 자극했다. 물론 지금의 우리는 전쟁 영웅들을 모방하고 싶어 하기보다는 그런 이야기를 통해 전쟁의 참혹함을 깨닫게 되는 효과가 더 크지만, 모델링이라는 방법 자체의 효과는 여전히 유효하다. 우리에게도 의욕을 일깨우고 용기 있는 행동을 가르쳐 줄 모델이 필요하기 때문이다.

우리 곁에도 정의와 인간성을 위해 몸을 던진 사람들이 많이 있다. 나치에 저항하다 사형장의 이슬로 사라진 소피 숄과 한스 숄, 20년이 넘는 긴 세월을 감옥에서 보내며 인종 차별에 저항한 넬슨 만델라 같은 사람들이 가장 먼저 떠오른다. 그들을 보며 우리도 시민으로서 갖춰야 할 용기를 키울 수 있다. "당신의 심장을 덮은 무관심의 외투를 찢어라!" 소피 숄은 저항 단체 '백장미단'의 전단에 이렇게 적었다. 사회적 용기란 타인을 향해 가슴을 열겠다는 각오로 시작됨을, 타인의 아픔을 공감하고 인간성을 위해 투신하겠다는 각오로 시작됨을 말해 주는 구절이다.

당신의 모델은 누구인가? 용기를 몸소 실천한 모범 인물은 누구인가? 그 사람의 삶을 기록해 보자. 그들은 어떤 일을 했는가? 어떤 성격, 어떤 행동에 감동했는가? 그들로부터 배울 점은 무엇인가?

철학자 에른스트 블로흐는 시민 사회의 실패라 할 나치 시대를 거치며 일어나 당당히 맞설 수 있는 용기를 훈련해야 한다고 강조했다. 그러나 어떻게 해야 순응과 복종의 소용돌이에서 탈출할 수 있을까? 다수가, 심지어 친구들까지 아니라고 외면하는 상황이라면 과연 우리는 어떻게 용기를 내어 자신의 신념을 지킬 수 있을까?

세계적으로 유명해진 스탠퍼드 모의 감옥 실험을 떠올려 보자. 1971년, 미국의 심리학자 필립 짐바르도는 실험에 지원한 대학생들을 죄수와 교도관으로 나누어 스탠퍼드 대학교의 지하에 마련한 모의 감옥에서 생활하게 했다. 실험이 시작되자 각자 맡은 역할과 주어진 상황에 따라 참가자들의 말투나 행동, 감정에 금세 변화가 나타났다. 교도관 역할을 맡은 사람은 점점 고압적인 태도로 명령조의 말투를 사용하기 시작했고, 죄수 역할을 맡은 사람들은 의기소침해지며 수동적 말투를 사용하기 시작했다. 심지어 자신이 실제 죄수라고 여기게 된 사람까지 있었다.

이 실험은 무조건적 복종이 어떤 재앙을 불러올 수 있는지를 확실히 보여 주었고, 학자들에게 시민의 용기를 키울 필요가 있다는 확신을 주었다. 이후 짐바르도는 청년에게 시민의 용기를 가르치기 위해 '떨치고 일어서라. 소리 내어 말하라.

세상을 바꾸어라. Stand up. Speak out. Change the world'라는 슬로건을 내걸고 영웅 프로젝트 '영웅적 상상력 Heroic Imagination'을 출범시켰다.

용기를 훈련하려면 일상생활에서 활용할 수 있는 전략이 필요하다. 그래야 용기가 필요한 상황에서 언제라도 용기를 발휘할 수 있을 것이다. 하루에 한 번씩 용기 있는 행동을 해 보는 것은 어떨까? 기회는 많다. 작은 일에도 무관심하지 말고, 고개 돌리지 말고, 침묵하지 말자. 자신의 용기를 북돋아 타인의 동참을 끌어낼 수 있을 것이다. 그리고 용기가 얼마나 좋은 것인지 알게 될 것이다.

당신도 용기를 발휘한 적이 있는가? 그 상황을 떠올려 보자. 그때 어떤 기분이 들었나? 그날의 용기가 어떤 가르침을 주었나?

참고 자료
- 아리스토텔레스, 《니코마코스 윤리학》
- 필립 짐바르도, www.heroicimagination.org

17

나눔의 행복
탐욕은 탐스럽지 않다

주는 것이 받는 것보다 행복하다는 말을 자주 듣는다. 서양 속담들이 대부분 그렇듯 이 말의 기원 역시 성서이다. 〈사도행전〉에 다음과 같은 구절이 있다. "주는 것이 받는 것보다 복되다." 이 말을 한 주인공은 예수이다. 하지만 예수가 태어나기 한참 전에 살았던 고대 그리스 사람들도 같은 생각을 했다. 그리스의 철학자 아리스토텔레스는 《니코마코스 윤리학》에서 어째서 주는 것이 받는 것보다 복된지를 설명하기 위해 한 장을 온전히 할애했다. 아리스토텔레스의 대답에는 간단하지만 시간을 초월한 진리가 담겨 있다. 남에게 선행을 베풀었다는 느낌은 아름답고도 숭고한 감정이기 때문이다. 아리스토텔레

스는 사랑하는 사람이나 친구에게 베푼 선행이 가장 큰 미덕
이라는 점도 강조했다. 딴마음이 없기 때문이다. 받기 위해 주
는 사람은 자발적 나눔의 행복을 느낄 수 없다.

곰곰이 생각해 보라. 대가를 바라지 않고 진심으로 선행을 베푼 적
이 언제였는가? 그 상황을 떠올리며 그때 어떤 기분이 들었는지도
느껴 보자.

최신 의학 연구 결과를 보면 마음이 넓고 남을 잘 돕는 사람
이 그렇지 않은 사람보다 우울증에 걸릴 확률이 훨씬 낮다. 캐
나다 밴쿠버 대학교의 사회심리학자 엘리자베스 던은 나눔과
만족감의 상관관계를 연구했다. 대학생들에게 5달러나 20달
러씩을 준 다음, 한쪽 집단에게는 그 돈을 자기만을 위해 지출
하라고 시키고, 다른 집단에게는 남들과 나누거나 남에게 다
주라고 시켰다. 그 결과, 5달러건 20달러건 그 돈을 남과 나눈
사람이 혼자서 다 쓴 사람보다 훨씬 행복하다고 대답했다. 엘
리자베스 던은 이 실험을 통해 '돈, 혼자만으로는 행복을 느낄
수 없다'는 속담을 입증한 셈이다. 여기서 '혼자'라는 말은 두

가지 뜻으로 해석할 수 있다. 첫째는 돈을 혼자 쓰는 사람, 다시 말해 다른 사람과 나누지 않고 혼자서 다 쓰는 사람은 남과 나누는 사람만큼 만족감을 느끼지 못한다는 뜻이다. 둘째는 돈만 돈 하나만 있으면 행복하다고 믿는 사람은 정말 잘못 생각하는 것이라는 뜻이다.

행복하다고 말하는 부자들은 프로젝트나 재단 같은 것을 만들어 그 돈을 남과 나누어 쓰기 때문에 행복한 것이지 써도 써도 돈이 마르지 않기 때문에 행복한 것이 아니다. 그 많은 재산을 혼자서만 쓴다면 나눌 때 얻는 행복을 절대로 느낄 수 없다. 그런데도 사람들은 대부분 돈만 더 많으면 더 행복해질 것이라고 철석같이 믿는다.

돈은 생각만으로도 이기적인 행동을 유발할 수 있다. 사람들은 돈을 떠올리기만 해도 더 이기적인 행동을 하게 된다는 것이 실험을 통해 입증되었다. 돈이 있으면 남들과 거리를 두게 되고 돈이 필요한 사람이 있어도 도움을 주지 않으려고 한다. 이런 반사회적인 행동이 우리에게 득이 될 리 만무하다. 따라서 물질을 중시하는 사람들은 그렇지 않은 사람보다 훨씬 덜 행복하다.

나눔을 통해 얻는 행복이 단순히 상상에서 나온 주관적인 감정이 아니라는 사실은 뇌과학으로도 입증되었다. 이타적으로 행동하거나 남에게 선행을 베풀 때 우리 뇌에서는 엔도르핀과 옥시토신 등의 호르몬이 분비되고, 이것이 천연 도취 물질 같은 작용을 한다는 사실이 밝혀진 것이다. 따라서 나눔을 실천하면 자기 자신을 행복하게 할 수 있다. 이런 깨달음을 가슴 깊이 새겨야 하는 이유는 안타깝게도 많은 사람이 거꾸로 생각하기 때문이다.

이타적 행동에 인간의 두뇌가 호르몬으로 보상하는 것은 진화생물학적으로 보아도 매우 의미가 깊다. 행동생물학을 통해 우리는 협동을 제일 잘한 사람, 그러니까 협력을 아끼지 않은 사람들이 끝까지 살아남았다는 사실을 잘 알고 있다. 협력은 자신의 이익만을 생각하지 않을 때 가능한 것이다. 그리고 우리 인간이야말로 협력 부문에서 특히 큰 성공을 거둔 생물 종이다. 협력하는 능력이 결국 인간을 역사상 가장 번성한 종으로 만든 것이다. 따라서 이타적 능력은 우리 유전자에서 빼놓을 수 없는 요소이다. 하지만 우리 안에는 그 능력을 가로막고 억누르는 다른 몇 가지 '프로그램'이 존재한다. 그 때문에 아리스토텔레스는 보상을 바라지 않고 자발적으로 나누는 아량의 미덕을 열심히 훈련해야 한다고 주장했다. 자주 연습할수록 실천하기도 쉬워지기 때문이다.

아리스토텔레스는 또 한 가지 매우 흥미로운 의문을 추적했다. 왜 받는 사람은 주는 사람만큼 행복하지 않은 것일까? 무의식적이긴 하지만 받는 사람이 '감사의 부채'를 지게 되기 때문인 것 같다. 아리스토텔레스의 이론은 이러하다. "선행을 베푼 자에게는 선행이 남지만, 선행을 받은 자의 이익은 사라진다. 고귀한 행위에 대한 기억에는 즐거움이 많지만, 받은 이득에 대한 기억에는 즐거움이 많지 않거나 더 적다."《니코마코스 윤리학》

실제로 받는 것이 주는 것보다 덜 복되다는 사실은 노인들을 상대로 한 실험 결과로도 입증되었다. 남에게 의지하여 살아가는 노인들은 도움을 주는 노인들보다 일찍 세상을 떠났다. 도움을 받은 노인들이 아픈 사람들이 아니었는데도 그러했다. 물론 무슨 일이 있어도 도움을 받으면 안 된다는 말은 아니다. 남의 도움은 무조건 사절해야 한다는 뜻도 아니다. 자발적으로는 결코 베풀 줄 모르는 사람이 있듯이 절대로 받으려고 하지 않는 사람도 있다. 둘 다 건강한 태도가 아니다.

아리스토텔레스가 말하고자 한 것은, 그리고 위의 연구 결과가 보여 주는 것은, 남에게 바라기만 하고 자기는 절대로 주지 않으려고 하면 행복할 수 없다는 것이다. 아리스토텔레스는 이런 태도를 넓은 의미에서 전부 탐욕이라고 불렀다. 탐욕이 넘치는 사람은 베풀 줄을 모르기 때문이다. 아니, 그것으로 그치지 않고 자기 것이 아닌 것까지 탐낸다. 남을 희생시켜 자기 배를 불린다. 그렇게 살면 남들보다 돈은 더 많을지 몰라도 결코 행복할 수 없다. 탐욕과 행복은 절대로 화합할 수 없기 때문이다.

돌아보면 우리 주변에도 어려운 사람들이 많다. 그들을 돕는 단체에 기부를 해 보면 어떨까? 물건도 좋고 돈도 좋고 시간도 좋다.

참고 자료
• 아리스토텔레스, 《니코마코스 윤리학》

18

공감력

네가 원치 않는 것은 남에게도 바라지 마라

"세상을 원자들의 북새통으로 생각하든 질서 정연한 하나의 전체로 생각하든 상관없다. 분명한 것은 나 역시 자연의 지배를 받는 전체의 한 부분이라는 사실이다. 동시에 나는 나와 같은 모든 부분과 필연적으로 얽혀 있다." 《명상록》 로마의 철학자 마르쿠스 아우렐리우스는 지금으로부터 2천 년 전에 이미 이런 깨달음에 도달했다. 불교 경전을 보아도 모든 것이 서로 얽혀 있으며 서로 종속되는 우주의 관계망을 읽어 낼 수 있다. 이러한 생각에는 우주의 관계망에서 일어나는 모든 일은 모든 것에 영향을 미친다는 확신이 담겨 있다. 그러므로 관계망 어디를 잡아당겨도 즉각 망 전체가 움직인다.

동서양의 현인들이 가르쳐 온 이 지혜는 오늘날 양자물리학과 생물학, 생태학의 최신 이론을 통해서도 입증된 사실이다. 세계는 상호 종속과 협력, 결합의 기틀 위에 세워진 통합적 전체이자 하나의 생명망이다. 그렇기에 양자물리학자 한스 페터 뒤르는 다음과 같이 말한다. "모든 원자는 이 우주에서 다른 모든 원자와 결합되어 있다."《연결성》이 말은 스토아학파 철학자 마르쿠스 아우렐리우스가 이미 2천 년 전에 깨달았던 진리를 다시 한번 우리에게 확인해 준 것이다.

고대인들도 알았고 현대의 자연 과학도 인정한 이런 전체적인 세계상을 우리는 왜 놓치고 사는 것일까? 왜 우리는 이렇게 하나인 세상에 살면서 세상과 천리만리 떨어져 있다고 느끼는 것일까? 아마도 우리 시대를 지배하는 그릇된 세계상 때문일 것이다. 17세기 계몽주의에서 시작돼 지금까지도 계속되는 우리의 사고방식은 결속과 협력보다는 인간의 자율과 개성을 훨씬 더 강조한다.

한번 솔직해져 보자. 우리는 자유를 너무나 자랑스럽게 생각한다. 인생의 주인은 자기 자신이고, 자기 뜻대로 살 수 있다고 믿는다. 하지만 그 독립과 자유에 취해 자신이 얼마나 남

에게 의존하는 존재인지는 잊고 산다. 불교 신자인 과학윤리
학자 카를 하인츠 브로드베크는 이런 말로 그 점을 다시 한번
일깨운다. "우리의 신체는 식물과 동물이 진화한 것에 불과하
다. 우리는 공기가 없으면 채 5분도 못 버티고, 물이 없어도 오
래 살지 못하며, 다른 인간과 자연에 완전히 의존하여 살아가
는 존재이다."《연결성》

밥 한 공기를 먹을 때도 그것이 얼마나 많은 사람의 땀과 노력의 결
실인지 생각해 보라. 벼가 여물어 거두기까지, 물과 태양과 흙과 영
양소와 공기가 있어야 한다. 추수한 벼가 우리 입으로 들어오려면 다
시 탈곡과 포장과 유통을 거쳐야 하고, 쌀을 씻고 밥을 지을 수 있는
물과 불이 필요하다.

안타깝게도 사람들은 대부분 심각한 병을 얻고 나서야 비
로소 우리가 얼마나 하찮은 존재이며, 얼마나 많은 사람의 도
움을 받으며 살고 있는지 깨닫는다. 마르쿠스 아우렐리우스
는 말했다. "모든 것은 신성한 끈으로 서로 묶여 있다."《명상록》
우리는 인간 공동체에 소속되어 서로 보살펴 주는 존재이다.

가족과 우정의 공동체에 뿌리내린 존재이다. 그 사실을 깨달으면 진정한 행복의 샘물에 다가갈 수 있다. 그 샘물의 이름은 사랑과 안전이다. "내가 거대한 전체 중 일부라는 사실을 유념하기만 해도 나는 지금의 모든 것에 만족할 것이다. 전체를 이루는 다른 모든 부분과 내가 밀접한 관계라면 나는 공익에 어긋나는 일을 하지 않을 것이고, 나아가 항상 이웃을 배려하며 보편적 최선을 위해 노력할 것이다."《명상록》 마르쿠스 아우렐리우스는 자신이 세계 시민으로서 인류라는 대가족의 일원임을 자각했다. 그래서 항상 만인의 공익을 먼저 생각하는 공감형 인간상을 추구했다. 이런 결속을 자각한 사람은 세계와 이웃을 위해 발 벗고 나설 수 있다. 자신의 모든 행동이 전체에 영향을 미치며, 결국 다시 자신에게로 되돌아온다는 사실을 잘 알기 때문이다. 세계 모든 종교와 문화가 이러한 깨달음을 윤리적 기틀로 삼았다. 이름하여 '황금률'이다. 공자는 "네가 원치 않는 일은 남에게도 바라지 마라."고 말했고, 고대 그리스 철학자 밀레의 탈레스는 "남에게 손가락질한 행동을 네가 해서는 안 된다."고 말했으며, 붓다는 "네가 고통스러운 짓은 남에게도 하지 마라."고 했다.

이 황금률의 가장 일반적인 표현은 "네가 원치 않는 일은 남에게도 바라지 마라."일 것이다. 사람들을 만날 때 항상 이 규칙을 명심하자. 그리고 이 규칙에 어긋나지 않게 행동하자.

그렇지만 깨달았다고 해서 일상생활에서 곧바로 실천할 수 있는 것은 아니다. 어떻게 해야 깨달음을 실천에 옮길 수 있을까? 미국의 선승이자 사회 실천적 불교의 대표적 인물인 버나드 글래스먼은 특이하지만 매우 효과적인 방법으로 사람들을 결속의 경험으로 이끌고 있다. 바로 '거리 피정'이라는 방법이다. 그는 사람들을 데리고 일주일 동안 대도시의 거리로 나간다. 주머니에 땡전 한 푼 없는 무일푼에다 가진 것이라고는 몸에 걸친 옷이 전부이다. 그 상태로 노숙자들의 운명을 몸소 체험해 보는 것이다. 완전한 무방비 상태로 온전히 남의 도움에 기대어 살아 보는 이 경험은 개개인의 완벽한 의존성을 온몸으로 느끼게 한다. 생존을 위해서는 타인의 도움이 필요하다는 사실을 확실하게 깨달을 수 있는 것이다. 그 경험을 마친 사람들은 노숙자를 보고 아무 생각 없이 지나칠 수가 없다. 결속이라는 감정에서 타인에 대한 책임감이, 나아가 그들의 행복을 위해 노력하겠다는 각오가 자라나기 때문이다. 이웃과 내가 별개가 아니라는 느낌은 곧 이웃을 향한 참여로 이어진다. 타인의 고통과 기쁨을 내 몸으로 느끼고 공감할 수 있으면 자연히 그들의 고통을 줄이고 기쁨을 키우겠다는 마음이 생기기 때문이다.

이것이 바로 동서양을 막론하고 현인들이 우리에게 가르친 것이자 현대의 행복 연구가 말하고자 하는 내용이다. 타인을 행복하게 해 주면 내가 행복해진다. 타인을 돕는 것은 나를 돕는 일이다. 달라이 라마가 가르친 행복의 비결 역시 이와 다르지 않다. "행복해지고 싶거든 공감을 연습하라."

참고 자료
- 게랄트 휘터, 크리스타 슈판바우어, 《연결성 Connectedness. Warum wir ein neues Weltbild brauchen》
- 마르쿠스 아우렐리우스, 《명상록》
- 콘스탄틴 베커, 버나드 글래스먼, 《공감의 혁명적 힘 Die revolutionare Kraft des Mitgefuhls》

19

삶의 중심 잡기
나는 모자란 쪽인가, 지나친 쪽인가

유명한 델피 신전의 현관 벽에는 '너 자신을 알라'라는 글귀가 적혀 있다. 그런데 그 밑에는 또 이런 글귀가 있다. '너무 지나치지 않게.'

요즘 어디 가서 절제나 중용을 이야기하면 들으려는 사람을 만나기 어렵다. 중용이라는 말이 뭔가 고리타분하고 평범하다는 인상을 풍기기 때문이다. 무조건 최고만 치켜세우고 슈퍼스타만 추앙하는 사회에서 평범하게 살다 죽고 싶은 사람은 없을 것이다. 우리는 특별하고 비범해지려는 노력에 엄청난 에너지를 쏟는다. 다른 사람들과 다르고 싶고 남들보다 우뚝 서고 싶다. 그러기 위해서는 어떤 방향이든 중간을 뛰어넘어 극단으로 치달아야 한다.

고대 그리스인들에게는 중용과 중도가 고리타분함이나 평범함이 아니라 골치 아픈 문제를 막아 주는 확실한 경계선 같은 것이었다. 그러나 고대 그리스인들의 중용은 규격에 맞는 인간을 만들어 내는 극기 훈련이 아니었다. 그리스 철학자들이 개인주의자들이어서 그런 것이 아니라, 인간은 모두 다르기에 중용 역시 다 같은 모습이 아니라는 사실을 잘 알았기 때문이다.

아리스토텔레스는《니코마코스 윤리학》에서 만인은 자신의 중도가 어디인지를 철저하게 살펴 알아내야 한다고 강조했다. 고대 중국의 유교에서도 비슷한 생각을 찾을 수 있다. 공자의 제자인 맹자는 다음과 같은 말을 했다. "자막은 도에 가까운 양극단의 중간을 잡았지만, 저울추가 없었으니 한 가지를 고집하는 것과 같다.子莫執中 執中爲近之 執中無權 猶執一也"《맹자》7편 26장 즉, 중도를 지키면 진리에 다가가지만, 자기 판단 없이 중도만 지킨다면 그 역시 한쪽으로 치우치는 것과 다르지 않다. 그러므로 자신의 중도를 알기 위해서는 자신의 기질과 구체적인 상황에 유념해야 한다. 무엇보다 먼저 자신을 탐구하고 자신의 본성을 파악해야 한다. 나에게 딱 맞는 것도 남에게는 너무 과할 수 있는 법이다.

그렇다고 중도를 전적으로 자기만의 기준으로 찾아서는 안 된다. 자신만의 중도를 찾는 데에도 몇 가지 기본 원칙은 있다. 아리스토텔레스가 제시하는 원칙은 이렇다. "먼저 만물이…… 결핍과 과잉으로 망한다는 사실을 유념하라." 《니코마코스 윤리학》 쉽게 풀어 보면, 너무 많아도 너무 적어도 아무 소용이 없다는 말이다. 아리스토텔레스는 자신의 주장을 뒷받침하기 위해 멋진 예를 하나 들었다. 지금 우리가 들어도 고개를 끄덕일 만한 그 사례는 신체 단련, 즉 운동이다. "과도한 신체 단련은 불충분한 신체 단련과 마찬가지로 생명력의 손실을 불러온다." 《니코마코스 윤리학》 운동이라고는 숨쉬기 운동밖에 안 하면서 꼼짝도 하지 않으면 언젠가는 몸에 문제가 생길 것이다. 심혈관 질환이나 순환계 질환은 운동 부족과 관련이 깊다. 하지만 심한 운동으로 몸을 혹사하는 사람들도 활력을 잃기 쉽다. 프로 운동선수들이 은퇴 후 대부분 건강이 좋지 않은 이유도 그 때문이다. 적당한 운동은 분명 득이 된다. 하지만 운동도 과하면 오히려 해롭다.

물론 지나친 정도나 모자란 정도는 사람에 따라 모두 다르다. 나이가 젊다면 당연히 노인보다 부담을 잘 견딜 것이다. 평소 운동을 많이 한 사람이라면 당연히 초보자보다는 몸이 날렵할 것이다. 따라서 아리스토텔레스는 자신에게 맞는 중도가 행복한 삶의 기준이라고 보았다. 이는 몸에만 해당하는 말이 아니다. 삶의 모든 영역에서 중도는 건강하지 못한 극단으로 치우치지 않도록 붙들어 주는 든든한 버팀목이다. 자신을 너무 과대평가하는 사람은 자신을 믿지 못해 숨은 잠재력을 개발하지 못하는 사람과 똑같이 자신에게 못 할 짓을 하는 것이다.

지금까지의 삶을 쭉 돌아보면서 나는 어느 쪽인지 생각해 보자. 나는 모자란 쪽인가, 지나친 쪽인가? 그 점을 늘 생각하며 행동하자. 그리고 주변의 반응을 살펴보자.

중용에 대한 찬양은 앞에서도 말했듯 고대 그리스인에게만 국한된 것이 아니었다. 공자 역시 중용을 찬탄했다. "중용의 덕은 지극하다. 中庸之爲德也其至矣乎"《논어》6편 옹야 중용은 마음의 저울추이다. 중용을 지키면 마음의 저울이 절로 균형을 잡는다. 하지만 중용을 알려면 배워야 한다. 타고난 품성만으로는 중용을 깨우치지 못한다. 품성과 배움이 함께할 때 진정한 중도를 깨우쳐 행복한 삶을 살아갈 수 있다.

공자는 모든 인간은 타고난 품성이 비슷하다고 확신했다. 사람마다 차이가 생기는 이유는 배움의 차이 때문이라고 믿었다. 그래서 공자는 만인에게 배움의 기회를 주어야 한다고 주장했다. 신분을 따지지 말고 배움의 기회를 주어야 훌륭한 정치가도 나올 수 있다는 것이다. 배움은 인간에게 중도를 깨우치게 하는 도구이다. 개인도 국가도 중도를 행해야 건강하다. 그렇다면 지속적으로 경제 성장을 추구하는 현재의 우리 사회는 과연 건강한가? 지금의 우리는 고대 사상가들이 외친 중도를 실천하고 있는지 회의가 든다.

공자는 인간이 타고나는 모든 미덕이 지나치거나 모자람으로 인해 건강하지 못한 방향으로 기울 수 있다고 말했다.

공자께서 말씀하셨다. "공손하되 예에서 벗어나면 피곤해지고, 신중하되 예에서 벗어나면 겁쟁이가 되며, 용감하되 예에서 벗어나면 질서를 어지럽히게 되고, 강직하되 예에서 벗어나면 가혹해지느니라. 恭而無禮則勞, 愼而無禮則葸, 勇而無禮則亂, 直而無禮則絞 "《논어》 8편 2장

참고 자료

• 아리스토텔레스,《니코마코스 윤리학》
• 공자,《논어》
• 맹자,《맹자》

20

무엇을 위해 사는가
삶의 의미를 찾아서

행복으로 가는 길의 가장 큰 걸림돌은 아이러니하게도 우리가 기를 쓰고 뒤쫓는 현대의 행복 신화이다. 고개를 어느 쪽으로 돌려도 세상에 널린 광고 영상들이 아무 걱정 없는 행복한 인생을 펼쳐 보인다. 그리고 마치 컨베이어 시스템처럼 채우지 못할 소망을 끊임없이 양산한다. 우리는 행복을 위해 미친 듯 달리지만, 안타깝게도 바로 그 무지막지한 노력이 우리의 발목을 낚아챈다. 행복해지겠다고 생각하면 생각할수록 행복은 모래알처럼 손가락 사이로 빠져나간다. "그래, 행복을 향해 달려라. 그러나 너무 빠르게 달리지는 마라. 모두가 행복을 좇아 달리지만, 행복은 그 뒤에서 따라오고 있으니." 독일의 시인이자 극작가 베르톨트 브레히트의《서푼짜리 오페라》에 나오는 구절이다. 또한 영국의 철학자 줄리언 바지니는 인생의 방향을 다른 쪽으로 돌리라고 충고한다. "그저 자신이 의미 있다고 생각하는 인생을 살면서 거기서 얻는 행복을 선물이라고 생각하는 편이 더 낫다."《빅 퀘스천》

인간은 의미를 찾는 존재이다. 우리는 모두 자신의 잠재력을 한껏 발휘하여 세상을 바꾸고 싶고, 가진 능력과 재능을 투자해 뭔가 멋진 일을 이루고 싶다. 의미 있는 삶이 반드시 걱정 없는 삶은 아니다. 그런데도 모두가 의미 있는 삶을 찾는 까닭은 부족하고 힘든 가운데서도 행복을 느낄 수 있기 때문이다. 줄리언 바지니는 말한다. "삶 그 자체는 살 만한 가치가 있다. 특히 진짜 삶이라면, 행복하고 남을 배려하는 삶이라면, 시간을 허비하지 않고 항상 자신이 바라는 인간이 되기 위해 노력하는 삶이라면 더더욱 살 만한 가치가 있다."《빅 퀘스천》

당신이 가진 능력과 재능은 무엇인가? 어떤 행동, 어떤 업적으로 당신의 잠재력을 표출하고 싶은가? 이 세상에서 당신이 맡은 소임은 무엇이라고 생각하는가?

인생의 의미는 스스로 만들어 가야 하는 것임을 가장 열정적으로 주장한 사람은 프랑스의 실존주의 철학자 장 폴 사르트르이다. 그는 말했다. "인간의 존재는 자신의 계획과 다르지 않다. 인간은 자아를 실현하는 만큼만 존재한다. 그러므로 인간은 그가 하는 모든 행위와 다르지 않고 그의 인생과 다르지 않다."《실존주의는 휴머니즘이다》 사르트르는 평생의 동반자였던 시몬 드 보부아르와 함께 프랑스 실존주의의 기틀을 다진 인물이다. 두 사람은 인생 그 자체에는 의미가 없으며 인간이 자신의 인생에 부여할 수 있는 의미만이 존재한다고 확신했다. 즉, 계획과 행동을 통해 인생을 의미 있게 만들어 가는 것은 결국 자신의 몫이라는 주장이다. 우리는 '자유롭도록 저주받은 존재'라고 사르트르는 말했다. 우리의 모든 행동은 각자의 선택이며, 모든 행동에서 우리가 누구인지 드러난다. 우리는 행동을 통해 현실을 창조한다. 그러나 그와 동시에 자유롭고 활동적인 인간으로서 자신의 인생을 책임져야 하며, 더불어 우리 이웃의 인생에도 책임감을 느껴야 한다. "인간은 자신의 존재에 대해 책임을 지며, 인간이 자기 자신을 책임진다고 말할 때는 자신의 개체성에 대해서만 책임지는 것이 아니라

모든 인간에 대해 책임질 수 있어야 한다."《존재와 무》

　장 폴 사르트르와 시몬 드 보부아르는 인간의 해방에 관심을 두는 사회 참여적 철학을 주장했다. 그를 위해 사생활에서도 기존의 사회 규범에 저항하여 결혼과 출산을 거부했다. 그들은 서로 영원한 사랑을 맹세했지만, 삶에서 잠깐 스쳐 가는 또 다른 사랑도 기꺼이 허용했다. 그리고 이 같은 자신들의 관계를 당당하게 세상에 공개했다. 보부아르는 여성 해방에도 지대한 공헌을 했다. 대표작《제2의 성》을 통해 여성 해방을 부르짖었고, 현대 페미니즘의 주도적 인물이 되었다. 실존주의적 시각으로 보면 인생의 마지막에 도달한 인간의 존재는 곧 그 사람이 살면서 이룬 업적과 같다. 그 업적은 행위의 결실이며, 평생 세상에 투자한 것의 정수이다. 보부아르는 후기작《노년》에서 각자의 인생이 의미 있으려면 사랑과 우정, 공감과 참여로 타인의 인생을 풍요롭게 채워 주어야 한다고 강조했다. 인생의 황혼에서 뒤를 돌아볼 때 충만감과 행복을 선사하는 것은 바로 무언가를 성취했다는 느낌이다. 지상에 머물며 무언가를 만들어 냈고, 타인의 가슴에 흔적을 남겼으며, 이 세상을 조금 더 나은 곳으로 만들었다는 감동이다.

오스트리아의 심리분석학자 빅터 프랭클 역시 이들 두 사람과 마찬가지로 의미를 향한 의지가 인간의 특성이라고 확신했다. 의미를 향한 의지야말로 모든 욕망 중 가장 인간적인 욕망이라고 주장했다. 그가 창시한 실존적 심리 치료 기법 '로고테라피logotherapy' 역시 삶의 가치를 깨닫고 목표를 설정하도록 하는 것이 목적이다. 인간은 인생에서 의미를 찾아야 한다. 그것을 위해 살고, 필요하다면 그것을 위해 죽을 수도 있을 그런 의미를. 프랭클은 나치 수용소에서 직접 그런 경험을 했다. 그에게 포기하지 않을 힘을 주었으며, 지금까지도 전 세계 수많은 사람에게 의미 있는 삶을 살 용기를 주는 그의 실존 분석은 가장 비인간적인 환경에서 맺은 결실이었다. 빅터 프랭클에 따르면 한 개인의 세계관과 인생은 밀접하게 관련되어 있다. 그러므로 인생을 향해 '왜 나의 환경은 이렇게 부당하고 힘든가?' 하고 물어서는 안 된다. 그 대신 '이런 환경이 나에게 요구하는 것은 무엇인가? 나는 이 환경에 어떻게 대응해야 할까?' 이렇게 물어야 한다.

인간됨이란, '나 자신'이라는 경계를 넘어서는 것이다. 어떤 일을 하거나 남을 사랑할 때 비로소 인간은 온전히 인간이 되며 자아를 실현한다. 어떤 것에 헌신하고 열광하며 더 나은 세상을 위해 노력할 때 비로소 우리는 살아 있다고, 세상과 하나라고 느낀다. 지금 하는 일에 열정을 불태우며 완전히 몰입하고 마음의 소리를 따르는 것, 그것이야말로 충만한 마법의 순간이다. 유대인 종교철학자 마르틴 부버 역시 프랭클과 마찬가지로 '인간은 세상으로 나아가기를 지향하며 너로 인해 비로소 내가 된다'고 확신했다. 공동의 창조자로서 세상을 함께 만들어 나가며 세상을 향해 마음을 열고 이웃을 위해 헌신할 때, 우리의 인생은 의미를 얻고 행복을 얻게 된다. 현대의 행복 연구도 이러한 사실을 입증한다. 다시 말해, 무엇이든 활동하고 참여하는 삶이 행복한 삶이다. 나 자신으로만 향하던 눈길을 돌려 세상을 향하면 자신의 처지보다 의미 있는 행동을 앞세울 힘이 생긴다. 무언가를 위해, 누군가를 위해 포기할 줄도 알게 되고, 장애물을 뛰어넘어 더 성장할 수도 있다. "살아야 하는 이유를 알면 살아가는 방법이 어떻든 간에 참을 수 있다." 빅터 프랭클은 니체의 이 말을 자주 인용했다.

삶이라는 우물에서 의미를 길어 낼 수 있다면 그 어떤 세상의 격변에도, 이별이나 질병, 죽음 같은 실존적 위기에도 잘 대처할 수 있을 것이다. 바로 그것이 실존주의자들이 말하는 인간의 궁극적 자유이다. 상황을 우리 뜻대로 바꿀 수는 없어도 그 상황에 어떤 태도를 보일 것인지는 우리 뜻대로 선택할 수 있다.

빅터 프랭클의 깨달음을 지침으로 삼아 인생의 의미를 찾아보자. 프랭클은 인생의 의미를 찾는 세 가지 길을 소개했다. 첫 번째 길은 우리의 행동이나 업적이다. 둘째는 타인을 향한 애정과 사랑이며, 셋째는 자기 힘으로 바꿀 수 없는 고통스러운 상황에서도 의미를 끌어내 성숙과 성장의 기회로 이용하는 것이다.

참고 자료

- 줄리언 바지니,《빅 퀘스천》
- 시몬 드 보부아르,《제2의 성》,《노년》
- 마르틴 부버,《나와 너》
- 빅터 E. 프랭클,《삶의 의미를 찾아서》
- 장 폴 사르트르,《존재와 무》,《실존주의는 휴머니즘이다》

IV

모든 것은
흐른다

헤라클레이토스

21

같은 강물에 발을 두 번 담글 수 없다
변화는 삶의 일부이다

"같은 강물에 발을 두 번 담글 수는 없다." 지금으로부터 2천 5백여 년 전 소아시아 에페소스 출신의 철학자 헤라클레이토스가 한 말이다. 강 옆에 살면서 강에서 자주 수영할 수 있는 운 좋은 사람이라면 이 말에 고개를 갸웃거릴 것이다. 라인강은 발을 열 번 담가도 라인강이고, 이자르강은 발을 스무 번 담가도 이자르강이다. 물론 조금씩 달라지기는 한다. 폭우가 쏟아진 뒤에는 흙탕물이 넘실대지만, 비가 통 오지 않을 때는 수심이 얕고 물이 맑다. 하지만 강은 강일 뿐 강이 바다가 되지는 않는다.

그러나 헤라클레이토스는 같은 강물에 발을 두 번 담글 수 없다고 주장했다. 심지어 그의 후배 철학자는 한 걸음 더 나아가 같은 강물에 한 번 발을 담그는 것도 불가능하다고 주장했다. 이 두 사람이 정신 건강에 이상이 있어서 남들과 다른 것을 보는 사람들은 아니었으니, 아마 이들의 말에는 매우 중요한 진리가 숨어 있을 것이다. 이참에 우리도 잠시나마 일상적 세계 인식에서 눈을 돌려 철학적 깨달음에 관심을 기울여 보면 어떨까? 조용히 살짝 미쳐 보는 것이다. 자, 이제 무엇이 보이는가?

어제가 당신의 생일이었다고 가정해 보자. 공식적으로 한 살 더 먹었으니 당신은 어제와 다른 사람인가?

그럴 가능성은 매우 낮다. 변화는 어떤 시점을 정해 놓고 그때부터 일어나는 것이 아니다. 항상, 지속적으로 일어난다. 엄밀히 말하면 지금 우리는 이미 1초 전의 우리와 같은 사람이 아니다. 너무 지나치다고 생각할 수도 있겠다. 하지만 우리는 지속적으로 일어나는 변화의 와중에 있다. 그리고 이런 변화는 인간에게만 일어나는 현상이 아니라 생물이든 무생물이든 존재하는 모든 것이 겪는 현상이다. 인간과 나머지 세상의 유일한 차이는 아마도 인간만이 그 사실을 의식한다는 것이 아닐까.

만물이 항상 변한다면 당연히 헤라클레이토스가 말한 강물도 매 순간 변할 것이다. 모든 것이 바뀐다면 당연히 우리는 같은 강물에 두 번 발을 담글 수 없다. 나아가 왜 우리가 한 번도 같은 강물에 발을 담글 수 없는지도 충분히 이해가 된다. 강물이 한순간도 같은 강물이 아니라면 우리 역시 한순간도 같은 사람이 아니다. 발을 담그는 순간 우리는 이미 발을 담글 때의 그 사람이 아닌 것이다.

그런데 정말로 우리는 매 순간 다른 사람이라는 기분을 느낄까? 쉰 살의 나는 정말로 어릴 적의 나와 전혀 다른 사람일까? 조현병 환자가 아니라면, 혹은 다중 인격 장애를 앓지 않는다면, 우리는 분명 과거의 자신과 현재의 자신이 부단히 연결되어 있다고 느낄 것이다. 그렇다면 우리는 항상 같은 사람이고, 헤라클레이토스는 그저 철학자가 미치광이라는 사실을 다시 한번 입증한 인간에 불과한 것일까? 변화와 연속이란 과연 무엇일까? 둘 다 우리가 마주하는 현실의 한 단면일 것이다. 그렇다면 둘 사이에는 어떤 관계가 있을까?

헤라클레이토스는 이 질문에 간단하면서도 확실한 대답을 내놓았다. 현실은 하나이다. 그러나 그 하나는 대립과 투쟁을 거쳐 통일된 하나이다. 이 세상에 존재하는 모든 것은 대립 덕분에 존재한다. 더위가 있기에 추위가 존재하며, 아름다움이 있기에 추함도 있다. 그리고 이런 대립들은 지속적으로 변화한다. 이 세상 그 무엇도 영원하거나 변하지 않는 것은 없다. 그렇다 해도 라인강은 라인강이고 이자르강은 이자르강이다. 우리 역시 50년의 변화에도 불구하고 자신을 다섯 살 때와 다른 사람이라고 느끼지 않는다.

불교의 세계관과도 닮은 헤라클레이토스의 이런 세계관을 진심으로 수긍하고 받아들이면 우리의 삶도 매우 구체적으로 변할 수 있을 것이다. 이 세상에 존재하는 모든 것이 늘 변한다는 사실을 이해하면 그 무엇도 지금 이 모습대로 머물 수 없다는 사실을 좀 더 가벼운 마음으로 받아들일 수 있을 테니까. 좋았던 옛 시절은 대부분 기억을 거치며 아름답게 미화된 경우가 많다. 설령 그렇지 않다고 해도 그 시절을 영원히 묶어 둘 수는 없다. 반드시 새로운 것이 온다. 새로 오는 것이 과거를 지우는 위험 요소라고 생각하지 말고, 그저 자연스러운 흐름으로 받아들인다면 그것을 대하는 자세도 완전히 달라질 것이다. 다가오는 새것을 변화와 혁신의 기회로 삼을 수 있을 것이다.

아직 오지 않은 미래가 불안한가? 그렇다면 그 미래를 최대한 긍정적인 시나리오로 그려 보라. 최대한 좋은 모습으로 상상해 보라. 기분이 어떤가? 마음에 든다면 이제 그 모습을 구체적인 현실로 만들어 나가자.

헤라클레이토스는 또 한 가지 매우 중요한 사실을 지적했다. 우리가 사는 세상이 대립과 변화의 세상이라면 그 무엇도 똑같은 느낌과 마음을 일으킬 수 없고 또 그럴 필요도 없다. "바다는 가장 깨끗한 동시에 가장 썩은 물이다. 물고기에게는 마실 수 있고 생명을 지켜 주는 물이지만, 인간에게는 마실 수 없는 치명적인 물이다."《소크라테스 이전의 철학자들》 어떤 사람에게 좋은 것이 반드시 다른 사람에게도 좋은 것은 아니다. 그런데도 우리는 자신에게 좋거나 나쁜 것은 다른 이에게도 똑같이 그럴 것으로 믿는다. 선물을 했다가 마음 상한 경험이 있을 것이다. 그 선물을 고르기 위해 나는 엄청난 시간과 노력을 들였는데 막상 선물을 건네고 보니 받은 사람이 기대와 달리 시큰둥한 반응을 보인다면 기분이 마냥 좋을 수는 없다. 그러나 나에게 좋은 것이 반드시 남에게도 좋은 것은 아니라는 헤라클레이토스의 가르침을 명심한다면 그리 마음 상할 일도 아니다. 이 순간, 상대에게는 전혀 다른 것이 소중할 뿐이다. 그뿐이다. 나아가 그것 역시 변하는 상황에 따라 언제든 바뀔 수 있다.

모든 사람이 당신과 똑같은 행동을 한다면, 똑같은 것을 좋아하고 싫어한다면, 인생이 얼마나 따분하고 지루할까? 사람들을 대할 때마다 그렇게 생각해 보자. 그러면 상대의 처신이 마음에 들지 않아도 그 순간 상대가 왜 그런 태도를 보이는지 이해할 수는 있을 것이다.

참고 자료
• 야프 만스펠트 편역,《소크라테스 이전의 철학자들*Die Vorsokratiker*》

22

존재의 가벼움에 관하여
신나게 뛰노는 아이들을 보라

"내게 어디에 사느냐고 묻는다면 은하수 제일 동쪽 끝에 산다고 대답하리라. 흘러가는 구름처럼. 그 무엇에도 매이지 않으니. 나는 그냥 손을 놓고서 바람의 변덕에 나를 맡긴다."《만물은 마음에 있다》

일본의 선승 다이구 료칸은 살아생전 바보 같은 기행으로 유명했다. 다이구大愚는 '위대한 바보'라는 뜻으로, 그의 스승이 내린 호이다. 료칸은 절에서 오랜 시간 엄격한 교육을 받은 후 산중 외딴 오두막에 칩거했다. 주변 마을 사람들은 어쩌다 이 거지 선승을 만나면 무척 반겼다. 그가 아이들과 어울려 신나게 놀았고 농부들과도 허물없이 술을 나누어 마셨기 때문이다. 그의 시에도 그런 모습이 잘 담겨 있다. "놀면서, 놀면서 나는 흐르는 세상을 여행한다."《만물은 마음에 있다》 자고로 위대한 현인들은 가끔씩 놀랍도록 바보같이 굴었다. 아이처럼 천진난만하게 웃으며 깡충깡충 뛰었고 아무것도 아닌 사소한 일에 깜짝 놀라며 조그만 일에도 하염없이 기뻐했다. 이들이 정말로 인생의 진지함을 몰라서 그랬을까?

어쨌든 삶의 무게라는 관점으로 보면 우리는 그들을 한참 앞서간다. 우리는 어느 정도 삶이 무거워야 의미도 있을 것이라고 믿는다. 밀란 쿤데라가 소설 제목을《참을 수 없는 존재의 가벼움》이라고 지어서 '과연 우리가 존재의 가벼움을 참을 수 있는가?' 의문을 제기한 데에는 다 그럴 만한 이유가 있다. 우리는 삶의 가벼움을 참을 수 있을까? 달리 표현하면 우리가 자처하여 삶을 무겁게 하는 것은 아닐까? 무엇에 홀리기라도 한 듯 걱정과 근심에서 눈을 떼지 못하는 것은 아닐까? 괜히 없는 근심을 만들어 내어 걱정하는 것은 아닐까?

살다 보면 사실 우리를 울적하게 하는 것은 가혹한 운명의 장난이 아니다. 일상의 소소한 걱정과 짜증이 우리를 더 힘들게 한다. 무겁게 꾸린 배낭을 내려놓듯 이 근심 걱정을 훌훌 벗어던진다면 얼마나 마음이 홀가분할까? 근심 대신 낙관과 확신으로 마음을 채운다면 어떠할까? 그리스의 철학자 에픽테토스의 깨달음이 다시 한번 큰 도움이 될 것 같다. 앞서 소개했듯 그는 다음과 같이 말했다. "사람들을 불안하게 하는 것은 사물 그 자체가 아니라 그것에 대한 그들의 생각과 판단이다."《도덕의 핸드북》 외부의 어떤 것이 마음을 어지럽히는 것은 딱 한순간, 그것이 우리 마음에 부담을 안길 때이다. 따라서 에픽테토스는 우리가 바꿀 수 있는 것과 우리가 도무지 어떻게 할 수 없는 것을 구분하여 전자는 적극적으로 바꾸고 후자는 편안한 마음으로 받아들이라고 충고했다.

고대 로마의 철학자 마르쿠스 아우렐리우스는 말했다. "너의 그릇된 생각이 만들어 내는 쓸데없는 불안 요인을 없애면 너 자신에게 넓은 공간을 열어 줄 수 있다. 마음으로 온 우주를 이해하기만 하면 된다. 영원한 시간을 관조하고, 만물의 빠른 변화를 다시 바라보라. 생물이 탄생하여 소멸하기까지의 시간은 얼마나 짧은가. 그것들이 탄생하기 전의 시간은 얼마나 긴 세월이며 그것들이 소멸한 후에 올 시간은 또 얼마나 무한한가."《명상록》 그의 가르침을 명심하여 세상을 지금과는 다른 관점으로 바라본다면 아무리 어려운 문제가 생기고 고민이 많아도 초연할 수 있을 것이다. 현대 심리학자들도 세상을 하늘을 나는 새의 관점에서 바라보라고 조언한다. 까마득한 하늘에서 내려다본 세상은 얼마나 작고 보잘것없는가? 당신이 그토록 골머리 앓던 고민도 다 부질없을 것이다.

우리가 삶의 무게에 지나치게 많은 힘을 실어 주고 있음을 깨닫는다면 가볍게 살겠다는 결심도 조금은 쉬워질 것이다. 순간의 아름다움에 더 눈길을 주고 고단한 일보다 기쁜 일에 더 주목할 것이다. 혹은 우리에게 손짓하는 바보 료칸의 초대에 흔쾌히 응할 수 있을 것이다. "친구여 오라! 이 밤이 새도록 노래하고 춤추자…… 개구리가 개굴개굴 노래하는 들판에서 들장미를 꺾어 너의 포도주 잔에 던져라. 순간을 즐겨라!"《만물은 마음에 있다》

료칸의 시는 그가 세상을 떠난 후에 알려졌다. 살아생전 그는 겸손하고 따뜻한 마음으로 존경받았고, 아이처럼 순진하고 천진난만하여 많은 이의 사랑을 받았다. 그가 옆에 있기만 해도 주변 사람들의 마음이 밝고 가벼워졌다. 그가 삶의 무게와 고뇌를 느끼지 못했기 때문이 아니다. 눈이 많이 내려 산중 오두막에 꼼짝없이 갇힐 때도 많았고 추위와 허기로 힘들어한 날도 많았다. 하지만 그는 안 그래도 힘든 삶을 어두운 마음으로 더 힘들게 만들지 않으려 했다. 어쩌면 그것이 위대한 바보 현인들의 공통점일 것이다. 그들은 상황의 심각성을 누구보다 잘 알았기에 더더욱 어린아이 같은 순진함과 밝은 마음을 끝까지 지키려 애썼을 것이다.

내가 있으면 사람들의 표정이 밝아진다! 상상만 해도 멋지지 않은가? 내가 옆에 있다는 이유만으로 사람들이 즐거워하고 기뻐하다니! 그 정도까지는 아니더라도 당신의 밝은 표정과 웃음은 주변 사람들을 행복하게 할 수 있다. 세상이 조금 더 가벼워지는 데 당신도 일조할 수 있다.

염세주의자 쇼펜하우어처럼 세상을 '눈물의 골짜기'로 생각할지, 아니면 계몽주의자 라이프니츠처럼 '가능한 세계 중 최고의 세계'로 생각할지는 오로지 우리의 결정에 달렸다. 라이프니츠가 세상 물정 모르는 철부지라서 철없는 소리를 했겠는가? 그는 세계의 불완전성을 누구보다 잘 알았다. 하지만 이 세계에는 최고의 세계로 발돋움할 역동적 잠재력이 있다고 확신했다. 그리고 바로 그 믿음에서 행동의 동기를 찾았다. 이런 태도는 지금의 우리에게도 훌륭한 동기를 마련해 준다. 세상을 더 나은 곳으로 바꾸려는 노력에 적극적으로 동참하도록 우리를 이끈다. 울어 봤자 나아질 것이 없다. 그럴 바에야 차라리 웃는 편이 낫다. 그래서 위대한 현인들은 아이처럼, 바보처럼 웃었다. 그런 행동을 통해 다른 사람들도 웃게 했다.

신나게 뛰노는 아이들을 바라보라. 신나게 뛰노는 강아지를 바라보라. 아니, 그들과 함께 뛰어놀아 보라. 존재의 가벼움이 무엇인지 몸으로 배울 수 있을 것이다.

료칸도 아이들과 어울려 놀았다. 아이들도 바보 선승을 좋아했다. "내가 하는 일은 아이들과 노는 것. 나는 헝겊으로 만든 공 몇 개를 항상 소매통에 넣고 다닌다. 나는 다른 일에는 하등 쓸모없는 인간이지만 조용하고 한적한 봄날을 즐길 줄은 안다."《만물은 마음에 있다》 그는 가벼운 마음으로 진심을 다해 인생을 살았다. 그리고 흔적을 남기려 하지 않았다. 그러나 그가 남긴 아름다운 시들은 여전히 많은 이의 가슴을 적신다.

내가 남길 유산은

무엇일까?

봄날의 꽃,

여름날의 뻐꾸기,

가을날의

검붉은 낙엽······

《만물은 마음에 있다》

참고 자료

• 에픽테토스, 《도덕의 핸드북 *Handbüchlein der Moral*》

• 마르쿠스 아우렐리우스, 《명상록》

• 료칸, 《만물은 마음에 있다 *Alle Dinge sind im Herzen: Poetische Zenweisheiten*》

23

휴식의 기술
시간 도둑을 몰아내라

평소에도 자주 노천카페에 앉아 커피를 마시며 지나다니는 사람들을 구경한다면, 소설을 구상하거나 태국어를 배우거나 배 만드는 기술을 공부한다면, 다시 말해 하고 싶은 일과 재미나는 일에 시간과 노력을 많이 투자한다면, 편안한 마음으로 이 장은 그냥 넘어가도 좋다. 물론 그렇지 않다고 해도 너무 놀라 가슴을 쓸어내릴 필요는 없다. 휴식도, 한가로움도 배울 수 있는 덕목이니까!

흥미롭게도 휴식을 뜻하는 고대 그리스어는 'scholé'이다. 학교를 뜻하는 영어 'school'이 바로 거기서 왔다. 그러니까 그 시절의 휴식은 아무것도 하지 않고 쉬는 시간일 뿐 아니라 학습의 시간이기도 했다. 물론 지금 우리의 학교처럼 꽉 짜인 시간표대로 달달 외우는 학습은 아니었다. 그래도 고대 그리스인들에게는 겉보기에 아무짝에도 쓸모없는 일, 경제적으로 효용 가치가 없는 일에 몰두하는 시간이 매우 중요한 삶의 일부였고, 휴식의 일부였다. 그리고 아무짝에도 쓸모없어 보이는 일 중 1등은 단연 철학일 것이다.

철학을 한다는 말은 자신과 세상, 생각에 관하여 곰곰이 생각한다는 뜻이다. 서양 철학사에서 가장 유명한 철학자이자 지혜의 화신인 소크라테스는 꼼짝도 하지 않고 앉아서 하늘만 빤히 쳐다보며 하루를 보냈다. 하지만 그와 한두 마디만 나눠 본 사람이라면 그가 미친 사람이 아니라 총명한 정신과 평정심을 두루 갖춘 현인이라는 사실을 금방 알았을 것이다. 그러니까 그는 진정한 휴식을 실천한 사람이었다.

굳이 철학적 사고가 아니더라도 우리에게는 생각할 시간이 필요하다. 모두가 뒤쫓는 유용성의 길을 성급히 따라갈 것이 아니라 여유를 두고 따지고 곱씹을 시간이 있어야 한다. 그래야 깨달음이 탄생하고 새로운 지식이 싹튼다. 이 세상을 혁신한 수많은 깨달음은 처음부터 활용 가능성만 따지기보다 깊고 넓은 생각에 시간을 투자했기에 탄생한 것이다.

느긋하게 공원 벤치에 앉거나 소파에 누워서 떠오르는 상념에 몸을 맡겨 보라. 고민에 빠져 머리를 쥐어뜯으라는 소리가 아니다. 사람들은 아무것도 하지 않고 있는 모습을 보면 쯧쯧 혀를 차기 바쁘지만, 그런 시간은 결코 낭비가 아니다. 정말로 소중한 시간이다.

아리스토텔레스는 휴식을 가르치는 교육이야말로 국가의 가장 중요한 임무 중 하나라고 보았다. 휴식이야말로 지고의 행복 상태이기 때문이다. 왜 그럴까? 휴식은 그 자체가 목적이다. 우리는 무언가를 얻기 위해 휴식하지 않는다. 그저 휴식을 위해 휴식한다. 휴식이란 목적에서 자유로운 영역이다. 오직 한 가지 이유로, 즉 해서 즐겁기 때문에 하는 것이다. 따라서 휴식은 정말로 자유롭게 쓸 수 있는 시간이다.

여가는 휴식과는 또 다른 것이다. 여가란 일차적으로 임금 노동을 하지 않는 시간이기 때문이다. 즉, 여가는 노동을 조건으로 성립한다. 일을 하지 않는 사람에게는 여가도 없다. 그러나 여가를 휴식으로 보낼 것인가는 전적으로 우리의 결정에 달렸다. 특히 요즘처럼 여가 활동 프로그램이 넘쳐나는 세상에서는 더더욱 여가와 휴식의 관계를 고민할 필요가 있다. 이런저런 여가 활동을 쫓아다니면 많은 것을 체험할 수는 있겠지만, 체험의 양이 곧 체험의 깊이는 아니다. 그러나 우리의 일상생활이 지나치게 목적을 중시하는 사고에 깊이 빠져 있다 보니 여가를 즐길 때도 목적을 달성해야 한다는 생각에서 쉽게 빠져나오지 못한다.

여가 스트레스를 몸소 겪었다면 자신의 여가 활용 방식을 곰곰이 되짚어 볼 필요가 있다. 스케줄로 꽉 채우지 않으면 무엇이 두려운가? 그 시간이 물거품처럼 흩어져 버릴 것 같은가? 의도적으로 주말 한나절을 비워 보라. 아무 계획 없이 되는 대로 시간을 보내 보라. 정말 걱정하던 대로 심각한 일이 벌어질까?

휴식을 하기 위해서도 올바른 태도가 필요하다. 진정으로 휴식을 하려면 쫓기지 않는 여유가 필요하다. 이런 이유에서 노동도 휴식이 될 수 있다. 시간에 쫓기지도 않고 성공해야 한다는 압박감에 시달리지도 않는다면, 한마디로 일 자체가 좋아서 한다면 노동도 휴식이 될 수 있다는 뜻이다. 그러나 성공을 인생의 목표로 삼는 자본주의 사회에서는 그런 식의 노동이 불가능하다. 그렇기에 현대인 대부분은 노동이라는 말을 들으면 곧바로 스트레스를 느낀다.

휴식을 즐길 줄 아는 사람은 시간의 노예가 아니라 시간의 주인이다. 휴식을 휴식으로 만드는 것이 바로 자신의 리듬에 몸을 맡길 줄 아는 능력이기 때문이다. 효율성과 근면 성실의 고삐를 살짝 늦추고 내 몸의 리듬을 따르는 능력, 온전히 어떤 것에 몰입하여 자발적으로 그것에 사로잡힌 상태, 그것이 바로 휴식이다.

휴식할 줄 아는 인간을 키우는 것이 국가의 사명이라는 아리스토텔레스의 주장은 휴식도 배울 수 있다는 의미이다. 휴식을 배운다는 말에 고개를 갸우뚱할지 모르겠다. 목적에서 자유로운 휴식을 어떻게 학습할 수 있단 말인가? 보통의 학습에는 목적이 있다. 언어를 배우는 사람은 그 언어를 쓰고 싶어서 배운다.

그런데 휴식의 학습은 흔히 우리가 생각하는 방식의 학습과는 영 딴판이다. 휴식을 배우고 싶은 사람은 일단 자신의 사고 습관이나 태도에 관하여 고민해 보아야 한다. 휴식이 모든 악덕의 근원이며, 자고로 성실하고 근면한 사람만이 복을 받는다고 확신한다면, 노동이 삶의 묘약이며 일하지 않는 자는 먹지도 말아야 한다고 생각한다면, 성공해서 돈을 벌어야 한다는 말을 어릴 때부터 귀에 못이 박이도록 들어 왔다면, 웬만해서는 가벼운 마음으로 휴식을 취하기 쉽지 않을 것이다. 따라서 이럴 경우에는 과연 그 생각이, 그 태도가 올바른지부터 살펴보아야 한다.

위에서 말한 내용이 바로 내 이야기라는 생각이 든다면 어떤 점이, 어떤 구절이 특히 가슴에 와 닿는지 살펴보자. 그런 다음 자신의 노동과 여가 활동을 가만히 관찰해 보자. 지금 모든 것을 다 내려놓고 가만히 휴식한다고 상상할 경우 제일 두려운 것이 무엇인가? 주변 사람들이 게으르다고 손가락질할 것 같은가? 아니면 경제적으로 곤란해질 것 같은가? 그 두려움은 얼마나 정당한가? 당신이 일을 손에서 잠시 놓는다고 해서 정말로 비난과 가난이 밀려들까? 잊지 마라. 일과 능력을 통해서만 자신의 가치를 확인할 수 있다고 믿는다면 진정한 휴식의 길은 요원할 것이다.

휴식에 대한 입장은 호의적이지만 안타깝게도 휴식을 취하지 못하는 경우라면 시간 도둑의 정체를 밝히는 것이 급선무이다. 현대인의 시간 도둑 1위는 아마도 TV, 인터넷, 휴대전화, 소셜 미디어일 것이다. 하지만 양심의 가책 때문에 마지못해 나가는 사회 활동이나 모임도 그 못지않게 시간을 잡아먹는다. 여기서도 원리는 똑같다. '적을수록 풍요롭다!' 정말 만나고 싶은 사람도 못 만나는 상황에서 의미 없는 사람들과 어울려 아까운 시간을 보낼 이유가 무엇인가? 소셜 미디어에서 머무는 시간도 꼭 필요한 만큼으로 줄여라. 페이스북 친구의 새 글에 일일이 댓글을 못 달아 준다고 해도 내일의 태양은 다시 떠오른다. 이런 기계들과 얼마만큼의 시간을 보낼지는 말 그대로 당신 손에 달렸다.

일상생활에서 작은 휴식의 오아시스를 만들어 보자. 퇴근길에 커피 한 잔 마시며 공원을 산책해 보자. 좋아하는 음악을 듣고 좋아하는 사람들과 자주 만나자. 사우나에 들러 땀을 쫙 빼 보자. 무엇이든 행복과 기쁨을 주는 일을 해 보자. 이런 소소한 노력을 통해 차츰 당신의 삶에서도 휴식이 제자리를 찾을 것이다. 당신만의 오아시스는

무엇인지 생각해 보고, 어떻게 하면 그 오아시스에 자주 들를 수 있을

지도 고민해 보자.

참고 자료

• 아리스토텔레스, 《정치학》

24

지평을 넓혀라
보이는 것이 전부가 아니다

길을 가다 보니 갑자기 아는 곳이 나온다. 그런데 처음 온 장소처럼 완전히 달라 보인다. 아마 다들 이런 경험이 있을 것이다. 이런 일은 대부분 평소 가지 않던 길을 택했거나 우연히 다른 길로 접어들었을 때 일어난다. 도달한 곳은 같은 목표 지점이지만 도착한 순간 그곳이 전혀 달라 보인다. 평소와 달리 옆쪽에서 혹은 뒤쪽에서 그 목표 지점을 향해 갔기 때문에 평소 보지 못하던 부분이 시야에 들어온 것이다. 사물은 다른 관점에서 바라보면 달라진다. 지금껏 보지 못한 측면이 눈에 들어오고 익숙한 것이 사라지기 때문이다.

눈으로 인식 가능한 대상만 그런 것이 아니다. 어떤 사건,

상황, 심지어 사람까지도 다른 위치에서 바라보면 달라 보인다. 그 차이는 시간을 두고 바라볼 때 가장 확연히 드러난다. 똑같은 사건도 몇 달 지나고 보면 사건 당시와 전혀 다른 평가를 내릴 수 있다. 사건 자체는 전혀 변한 것이 없지만 달라진 관점이 다른 평가를 끌어낸 것이다.

살다 보면 관점의 차이가 많은 것을 좌우하는 상황이 의외로 많다. 관점이 달라지면 평가가 바뀌고, 그에 따른 행동이 달라지기 때문이다. 어떤 프로젝트에 실패했을 때, 자신이 무능해서 그렇다고 생각하는 사람은 앞으로 비슷한 프로젝트가 있어도 아예 손을 대려고 하지 않을 것이다. 그러나 실패로부터 배울 수 있는 교훈에 초점을 둔다면 용기를 내어 다음 프로젝트에 도전할 수 있을 것이고 같은 실수를 되풀이하지 않을 것이다.

흔히 성공한 사람은 운이 아주 좋았거나, 출발 여건부터 달랐거나, 보통 사람들이 도저히 따라갈 수 없을 정도로 엄청난 노력을 기울였을 것으로 생각한다. 그러나 성공과 실패를 가르는 기준은 그것만이 아니다. 실패에도 주눅 들지 않고 같은 실수를 되풀이하지 않겠다는 각오로 정확하게 상황을 분석하는 능력도 그 못지않은 결정적 요인이다. 실패를 교훈 삼아 앞으로 나아가는 사람은 실패를 기회로 생각할 것이다. 그것이야말로 정말로 유익한 새로운 관점이 아니겠는가.

관점을 바꾸면 자신의 행동만 긍정적으로 변하는 것이 아니다. 타인과의 관계도 좋아진다. 보는 방향을 바꿀 때마다 사물이 달라 보이는데 어떻게 자신의 의견이 유일하게 옳다고 주장할 수 있겠는가? 다른 사람의 의견도 내 의견과 마찬가지로 옳을 수 있지 않겠는가? 아니, 다른 사람의 의견이 더 옳을 수도 있지 않을까? 따라서 관점을 바꾸면 더 넓은 마음으로 남의 의견에 귀를 기울일 수 있다. 절대로 나만 옳다고 우기지 않는다. 당연히 당신을 바라보는 주변의 시선에 호감이 실릴 것이고, 더 많은 사람이 당신 곁으로 다가올 것이다.

고대 그리스에서는 특히 회의론자들이 이런 생각에 공감했다. 우리는 어떤 것이 실제로도 보이는 모습 그대로인지를 절대로 알 수 없다. 따라서 회의론자들은 자신의 판단을 절대적이라고 믿어서는 안 되며 항상 자신의 행동과 생각을 비판적으로 따져 물어야 한다고 주장했다.

회의주의 운동의 창시자인 피론은 다음과 같이 말했다. "그 무엇
도 아름답지 않고 그 무엇도 추하지 않으며 그 무엇도 정당하지 않고
그 무엇도 부당하지 않다. 그러므로 그 무엇도 눈에 보이는 것이 전
부가 아니라는 말은 세상 만물에 통할 것이다. 인간의 모든 행동은
그저 법적인 합의를 바탕으로 관습에 따라 일어나는 것이다.《그리스
철학자 열전》

피론의 이 말은 우리는 결코 어떤 일의 본질을 인식할 수 없
다는 뜻이다. 우리가 인식할 수 있는 것은 눈에 보이는 것뿐이
다. 그러나 우리가 눈에 보이는 것을 인식하는 방식은 우리의
관점에 좌우된다. 우리의 확신과 가치관은 결국 문화와 가족,
시대의 결과물이다. 그런데도 우리는 이런 사실을 깨닫지 못
하고 자기 생각만 옳다고 우긴다.

자기 생각의 한계를 깨달으면 나와 다른 관점을 좀 더 쉽게
받아들일 수 있다. 나아가 상대가 왜 나와 다르게 생각하는지
도 이해할 수 있을 것이다. 우리가 겪는 오해와 갈등은 대부분
자기 생각만 옳다고 우기기 때문에 일어난다.

그렇다고 해서 모든 의견과 생각을 내세워서는 안 된다는

말은 아니다. 묻지도 따지지도 않고 자신의 의견만 절대시해서는 안 된다는 말이다. 다양한 생각을 받아들이는 것이 매사 될 대로 되라는 식의 무관심은 아니다. 세상에는 정말로 다양한 입장이 존재하지만, 우리가 꼭 그 모든 생각에 동조하고 찬양해야 하는 것은 아니다. 그러나 다른 생각에도 나름의 정당성이 있을 수 있다는 사실은 항상 유념해야 한다. 달라이 라마는 말했다. "넓은 관점에서 세상을 바라보면 삶은 더 큰 행복을 기약한다." 관점이 넓을수록 삶의 지평도 넓어진다.

신문을 읽다가 화가 치밀어 오르거든 잠시 시간을 내서 노트와 연필을 준비해 보자. 노트 한가운데에 나를 화나게 하는 기사 내용을 적는다. 그리고 제3자의 입장이 되어 그 기자가 왜 그런 기사를 썼을지 생각해 보자. 당신은 공감할 수 없을지라도 떠오르는 모든 이유를 적어 보자. 다 적었다면 적은 내용을 쭉 훑어보면서 당신이 제3자의 입장이라면 어떤 이유를 납득할 수 있을지 살펴보자.

참고 자료
• 디오게네스 라에르티오스,《그리스 철학자 열전》

25

카르페 디엠!
지금 여기, 행복하라

우리의 삶은 지금 여기에서 일어난다. 어제도 아니고 내일도 아니다. 너무나 잘 알면서도 우리는 그 현재를 살지 못한다. 바꿀 수 없는 과거의 일을 곱씹고 내 마음대로 할 수 없는 미래의 일을 근심하느라 시간을 허비한다. 노력도 없이 인생을 즐기는 것 같은 사람들을 부러운 눈길로 쳐다보는 사이에 하나뿐인 우리의 인생은 무심히 우리 곁을 스쳐 지나간다.

바로 그런 이유에서 고대 서양 철학은 인생을 바라보는 신중한 태도를 행복한 삶의 필수품이라고 주장했다. 소크라테스의 제자였던 그리스 철학자 아리스티포스는 과거를 곱씹지도, 미래를 미리 걱정하지도 말라고 조언했다. "지금, 오늘에

주목하라. 오늘 중에서도 지금 하는 일과 지금 하는 생각에만 관심을 두어라. 과거도 미래도 우리의 것이 아니며 현재만이 우리 것이기 때문이다."《고대의 행복학》

온 힘을 다해 살 수 있는 기회는 매일, 모든 순간에 깃들어 있다. 우리는 손을 내밀어 그 기회를 잡기만 하면 된다. "카르 페 디엠!Carpe diem" "현재를 잡아라!" 고대 로마의 시인 호라티우스가 2천 년이 넘는 세월을 건너와서 우리에게 외친다. 그는 롤모델이던 에피쿠로스의 학설을 이 한마디로 집약했다. 여기, 지금 이 순간을 살라고, 하나뿐인 인생을 행복으로 채우라고.

최고의 가치는 지금 이 순간에 있다는 철학적 믿음은 동양에서도 만날 수 있다. 대표적인 명언이 중국 선승 운문 선사의 "날마다 좋은 날日日是好日"일 것이다. 현대의 불교 심리학 역시 산만한 현대인들에게 깨인 정신으로 삶과 접하는 기회를 제공하기 위해 최선을 다한다.

잠시 하던 일을 멈추고 자신에게 물어보라. 나는 내 몸을 느끼는가? 정신없이 허둥거리느라 나를 잊고 살지는 않는가? 온몸의 감각을 깨워 사방을 돌아보고 귀를 기울여도 보고 느껴도 보라. 삶이 이 순간 당신에게 선사한 소중한 선물을 깨달아라. 이 순간을 맑은 정신과 날 선 감각으로 온전히 인식해 보라.

지금 여기에서 즐거운 인생을 살라는 이들의 호소를 이기적 쾌락주의와 혼동해서는 안 된다. 에피쿠로스는 오히려 절제와 덕을 아는 삶을 외쳤다. 지고의 쾌락은 '아타락시아ata-raxia', 즉 잡념에 사로잡히지 않고 어떤 것에도 흔들리지 않는 영혼의 평정 상태이기 때문이다. 아타락시아는 행복의 필수 조건이며 에피쿠로스 철학의 궁극적인 목표이다. 그는 아리스토텔레스와 마찬가지로 행동의 결과를 고려하지 않는 즉각적인 만족을 조심하라고 경고했다. 방탕과 방종은 마음에 흥분을, 몸에 고통을 일으킬 수 있어서 아타락시아를 방해하기 때문이다.

인생은 끝나지 않는 잔치가 아니다. 행복은 무절제한 향락에 있지 않다. 굳이 그런 방식이 아니더라도 인생을 즐기고 행복을 찾을 길은 많다. 소박한 일에서 만족을 얻는 것이 그 대표적인 방법이다. 정말로 소중한 것에서 기쁨을 찾자. 우리가 너무나 당연하다고 생각하는 일상의 기쁨을 만끽해 보자. 아침 커피의 향기, 화창한 하늘, 가족과 함께 하는 식사. 매일매일 소박한 일상의 아름다움을 발견하는 사람이라면 지천에 널린 행복의 결실을 언제라도 따서 맛볼 수 있을 것이다. "현재를 잡아라!" 즐겁게 살되 책임을 잊으면 안 된다. 이웃들도 이 하루를 만끽할 수 있도록 배려하며 살아야 한다. 그래야 내 일도, 미래도 있다.

쾌락주의자나 이기주의자가 되지 않으면서도 인생을 즐길 방법이 있을까? 내 인생을 의미 있고 소중하게 만드는 것은 무엇일까? 무엇이 내 인생에 깊이와 의미를 더할까? 오늘 무엇에 헌신해야 할까? 내 심장을 뛰게 하는 일은 무엇인가?

시간은 유한하다. 당연히 우리 인생도 유한하다. 그렇기에 시간은 정말로 소중한 재산이다. 동서양을 막론하고 현인들이 매일을 마지막 날인 것처럼 살라고 가르친 이유도 다 그 때문이다.

기독교 수도원에서도 비슷한 생각을 만날 수 있다. "메멘토 모리!Memento mori""그대도 언젠가 죽는다는 사실을 기억하라!" 신도, 죽음도 두려워하지 말라던 에피쿠로스와 달리 기독교 수사들은 인간을 벌하는 신을 가리키며 죽음에 대한 두려움에 불을 지폈고, 그것을 통해 사람들에게서 많은 쾌락을 빼앗았다.

그러나 어떻게 보면 죽음에 대한 확신이 오히려 쾌락을 향한 의지를 더 키울 수 있다. 자신의 유한성과 마주칠 때보다 인생의 소중함을 강하게 느낄 때가 있겠는가. 목숨의 한계를 인식하는 것보다 현재의 소중함을 확실하게 일깨우는 방법이 있겠는가. 병원에서 시한부 판정을 받은 사람들은 한결같이 지금까지 당연하게 생각한 것들이 너무나 의미 있고 소중하게 다가온다고 고백한다. 그러니 내일을 걱정하지 말고 현재를 살아라!

바로 이것이 유한한 존재로서 우리 인간이 해야 할 일이다. 지상에서 보내는 소중한 시간을 적극적으로 활용하라! 그 무엇도 당연하다고 생각하지 말 것이니, 자신의 생명은 더 말할 것이 있겠는가?

단 하루만 살 수 있다면 당신은 무엇을 하며 그 하루를 보내겠는가? 마지막 시간을 누구와 함께 보낼 것인가? 그들에게 무슨 말을 할 것인가?

참고 자료

- 에피쿠로스,《두려움의 극복에 관하여 *Von der Überwindung der Furcht. Katechismus, Lehrbriefe, Spruchsammlung, Fragmente*》
- 말테 호센펠더 편역,《고대의 행복학 *Antike Glückslehren. Quellen zur hellenistischen Ethik in deutscher Übersetzung*》
- 크리스토프 호른,《고대의 삶의 기술 *Antike Lebenskunst. Glück und Moral von Sokrates bis zu den Neuplatonikern*》
- 퀸투스 호라티우스 플라쿠스,《카르페 디엠》

26

메멘토 모리!
죽음을 삶으로 데려오라

제목을 보고 고개를 갸웃했을지도 모르겠다. 죽음을 왜 삶으로 데려와야 한단 말인가? 죽으면 일체의 생명이 끝나는데, 행복한 삶을 이야기하면서 왜 굳이 죽음을 들먹이는가?

그러나 멋진 삶을 이야기하려면 죽음을 말하지 않을 수 없다. 고대의 위대한 철학자들은 죽음을 삶의 일부라고 생각했다. 탈레스나 헤라클레이토스는 죽음과 삶이 본질적으로 다르지 않다고 보았다. 죽음이란 현존의 다른 형태에 불과하다고 생각했다. 탈레스는 말했다. "죽음은 삶과 차이가 없다." 그 말을 들은 누군가가 그를 향해 그러면 왜 자살하지 않느냐고 물었다. 그러자 그가 대답했다. "바로 다르지 않기 때문이지."

헤라클레이토스 역시 죽음을 삶과 별개의 것으로 보지 않았다. 죽음과 삶은 떼려야 뗄 수 없는 일체라고 생각했다.

죽음에 관한 고민은 플라톤에 이르러 다시 한번 차원을 뛰어넘었다. 철학이란 죽음의 연습과 다르지 않다고 그가 주장했기 때문이다. 자신의 죽음을 바라보면서 인간은 실제로 철학이 무엇인지를 깨닫게 된다는 것이다. 플라톤의 스승 소크라테스는 죽음을 정신적 불멸로 넘어가는 길이라고 보았다. 죽음을 통해 영혼이 자유로워져 자신의 정신적 원천으로 돌아갈 수 있다고 확신했다. 플라톤이 전한 소크라테스의 임종 순간이 사실이라면 그 순간 소크라테스는 그야말로 진정한 철학자였다. 죽음을 두려워하지 않았음은 물론이고, 오히려 절망에 빠진 제자들을 위로하며 의연한 모습을 보였다. 그리고 정신은 몸의 죽음을 뛰어넘는다는 확신으로 자신에게 내려진 독배를 흔쾌히 마셨다.

그러나 몸은 죽어도 영혼은 사라지지 않는다는 생각은 자신의 불멸을 확신하는 사람에게나 위로가 될 수 있을 것이다. 고대의 철학자 중에도 영생을 믿지 않은 사람들이 있었다. 그럼에도 죽음에 대한 성찰은 인간의 실존적 고민이기에 그들 역시 죽음을 외면하지는 않았다. 에피쿠로스는 플라톤과 달리 인간의 육체와 영혼이 원자들의 결합으로 이루어진 것이라고 생각했다. 그리고 죽음은 단지 원자들이 해체되는 과정일 뿐이라고 주장했다. 그의 말이 사실이라면 우리는 자신의 죽음을 의식하지 못한다. 영혼이 흩어지면 감각과 의식도 존재하지 않기 때문이다. 그럼에도 그는 자신의 죽음을 성찰하는 것이 철학적 현존의 가장 중요한 임무 중 하나라고 보았고, 제자들에게도 늘 "죽음을 연습하라."고 말했다.

　에피쿠로스는 죽음에 관하여 다음과 같은 말도 했다. "가장 무서운 불행인 죽음은 사실 아무것도 아니다. 우리가 존재하는 동안에는 죽음이 우리 곁에 없고, 죽음이 왔을 때는 우리가 존재하지 않기 때문이다." 그런데 이 말은 앞서 제자들에게 했다는 말과 모순되는 것 같다. 죽음이 아무것도 아닌데 무엇하러 연습까지 한단 말인가? 아마도 죽음이란 숨이 끊어지는 마지막 순간까지 우리가 경험하게 되는 과정이기 때문일 것이다. 죽음을 고민하는 사람은 삶을 고민한다. 사멸의 과정은 우리가 태어나는 순간부터 시작된다. 따라서 그 과정을 무시할 수도 있지만 열심히 고민하고 연습할 수도 있다.

에피쿠로스가 죽음을 성찰한 이유는 두 가지이다. 첫째, 삶과 죽음을 분석함으로써 신에 대한 두려움을 쫓아내기를 바랐다. 사후에 신에게 벌을 받을지도 모른다는 두려움이야말로 행복한 삶을 방해하는 최악의 걸림돌이기 때문이다. 둘째, 그는 죽음이 삶과 결합되어 있다고 생각했다. 죽음을 성찰한다는 것은 곧 자신의 유한성을 깨닫는다는 의미이다. 행복하게 살려면 인생의 유한성을 외면하지 말아야 한다. 에피쿠로스는 인간이 자신의 생명이 유한하다는 사실을 인식하면 삶에 큰 도움이 될 것이라고 생각했다. 현존의 질을 고민할 것이기 때문이다. "젊은이에게는 기품 있게 살라고 하고, 늙은이에게는 기품 있게 죽으라고 충고하는 자는 어리석다. 기품 있는 삶을 위한 노력과 기품 있는 죽음을 위한 노력은 별개가 아니기 때문이다." 죽음은 모든 것을 멈추고 자신의 삶을 되돌아보는 성찰의 순간이다. 따라서 행복하게 살아야 행복한 죽음을 맞이할 수 있다.

죽음은 이생에서 영원한 것은 없다는 사실을 인정하게 한다. 어찌 보면 무섭고 고통스러운 깨달음일지도 모른다. 소중한 것, 의미 있는 것을 잃고 싶은 사람은 없다. 물건도 그러한 데 하물며 소중한 사람을 잃고 싶은 사람이 어디 있겠는가? 하지만 달리 보면 유한성과 한계를 인정하는 태도야말로 적극적으로 삶을 살아갈 수 있는 또 하나의 가능성을 선사한다. 영원한 것이 없다면 우리가 살면서 겪는 고통도 영원하지 않을 것이기 때문이다.

붓다는 고통에 대한 네 가지 중요한 깨달음을 제자들에게 가르쳤다. 그것을 '사성제四聖諦' 또는 '사제四諦'라 하는데, 그 첫째가 고제苦諦이다. 고제는 현실 세계의 결과, 즉 인간의 삶 자체가 고통이라는 깨달음이다. 그렇다면 그 고통의 원인은 무엇일까? 두 번째 깨달음 집제集諦에 그 답이 있다. 고통이 존재하는 까닭은 모든 것이 변하기 때문이다. 아름다운 물건, 멋진 경험, 좋은 기분, 긍정적 감정이 지속되지 못한다는, 다시 말해 무상하다는 사실이 고통을 불러온다. 하지만 이 말이 사실이라면 고통 역시 유한하다. 이것이 세 번째 깨달음 멸제滅諦이다. 네 번째 깨달음 도제道諦는 이 고통을 뛰어넘을 수 있는 길을 알려 준다. 그것이 바로 '팔정도八正道'이다. 팔정도란 '깨달음으로 이끄는 여덟 가지 올바른 길'이라는 뜻으로, 바른 견해정견正見, 바른 생각정사유正思惟, 바른 말정어正語, 바른 행동정업正業, 바른 생활정명正命, 바른 정진정정진正精進, 바른 마음 챙김정념正念, 바른 집중정정正定이다. 이것은 계율, 선정, 지혜의 삼학三學, 즉 '계율을 지키고 명상을 통해 깊이 사유하여 마침내 지혜를 깨닫는 과정'으로 요약할 수 있다.

중요한 것은 붓다가 무엇을 인식했느냐 하는 것이다. 붓다의 깨달음은 아무리 큰 고통도 유한하므로 그것이 인간의 본질이 아니라는 진리이다. 변화와 그로 인한 상실이 삶의 필수 요건임을 인정할 수 있다면 우리도 붓다의 깨달음을 연습할 수 있을 것이다. 반드시 찾아올 죽음을 당황하지 않고 의연하게 맞이할 수 있도록 만반의 준비를 할 수 있을 것이다. 사람들은 인생무상의 법칙이 세상 모든 사람에게 통해도 자신만은 예외일 것이라고 막연히 생각한다. 하지만 무상의 법칙은 나라고 해서 절대 피해 가지 않는다.

이처럼 유한성과 무상의 법칙을 깨달은 사람이라면 순간적 행복의 소중함을 새삼 절실하게 느낄 것이다. 우리는 아름다운 순간을 저장할 수도, 뒤로 미룰 수도 없다. 호스피스 운동의 선구자 시실리 손더스는 말했다. "삶에 며칠을 더 주는 것이 중요한 것이 아니다. 그 며칠에 삶을 선사하는 것이 중요하다." 에피쿠로스가 이 말을 들었다면 정말 옳은 말이라고 고개를 끄덕였을 것이다. 자신의 유한성을 고민하고 자신의 삶이 영원하지 않음을 인정하는 것이야말로 생명이라는 소중한 보물을 소중하게 아껴 쓸 진짜 이유일 것이다.

자신의 추도사를 직접 쓴다고 상상해 보자. 이번 생에서 자신에게 가장 중요한 것은 무엇인가? 후회되고 안타까운 일은 무엇이며, 살면서 가장 잘한 일, 후세에 남길 만한 성과는 어떤 것인가?

참고 자료

- 에피쿠로스,《두려움의 극복에 관하여 *Von der Überwindung der Furcht, Katechismus, Lehrbriefe, Spruchsammlung, Fragmente*》
- 야프 만스펠트 편역,《소크라테스 이전의 철학자들 *Die Vorsokratiker*》
- 디오게네스 라에르티오스,《그리스 철학자 열전》
- 플라톤,《소크라테스의 변론 / 크리톤 / 파이돈》

인물 찾아보기

고트프리트 빌헬름 라이프니츠 Gottfried Wilhelm Leibniz

고트프리트 빌헬름 라이프니츠는 1646년 독일 라이프치히에서 태어나 1716년 하노버에서 세상을 떠났다. 여러 분야의 자연 과학과 철학을 연구했고, 계몽주의의 선구자로도 손꼽힌다. 특히 신의론, 즉 선하고 정의로운 신이 어떻게 인간을 괴롭힐 수 있는가 하는 문제를 풀기 위해 노력했다. 그가 내놓은 대답은 우리가 사는 세상이 '가능한 모든 세상 중 최고'라는 것이었는데, 이 대답이 만인을 만족시키기에는 역부족이었던지 그의 주장은 거센 비판을 받았다. 하지만 그는 세계의 불완전성을 누구보다 잘 알았다. 그럼에도 이 세계에는 최고의 세계로 발돋움할 역동적 잠재력이 있다고 확신했으며 바로 그 믿음에서 행동의 동기를 찾았다.

공자 孔子

공자는 BC 551년에 태어나 BC 479년에 세상을 뜬 것으로 추정된다. 위대한 중국 철학자이자 지혜의 스승인 공자의 가르침은 지금까지도 아시아 여러 국가에서 인기를 누리고 있다. 그의 가장 큰 관심사는 세상과 조화를 이루는 삶이었다. 그는 그러기 위해 인간은 윤리적으로 무결한 삶을 살아야 한다고 가르쳤다. 공자가 생각하는 가장 중요한 가치는 인간애였다. 인간애를 알기 위해서는 교육이 필요하다. 공자는 유교의 근간이 되는 중요한 저서들을 집필하기도 했다.

노자 老子

노자는 도교의 대표 사상가이다. 태어나고 죽은 때는 정확히 알려지지 않았다. 학자에 따라 공자와 비슷한 시대를 살았다는 주장도 있고, BC 3~4세기에 살았다는 주장도 있다. 심지어 그가 실존 인물이 아니라고 주장하는 학자들도 있다. 어쨌든 전설에 따르면 그는 주나라 왕실의 도서관 관장이었으나 관직을 버리고 서쪽으로 방랑을 떠났다고 한다. 국경 경비대장이 그의 지혜를 알아보고 집필을 부탁했는데, 그 결과물이 바로 《도덕경》이다.

디오게네스 Diogenes

디오게네스는 흑해 연안의 시노페에서 BC 412년에 태어나 BC

323년 코린트에서 세상을 떠났다. 그는 키니코스학파의 간판스타였다. 낡은 통 안에서 살고 구걸한 음식으로 연명하면서 자신이 외친 자율과 내적 독립, 자립을 몸으로 실천했다. 그러다 보니 그만큼 많은 일화를 남긴 철학자가 없었고, 특히 알렉산드로스 대왕과의 일화는 모르는 사람이 거의 없을 정도로 유명하다.

랠프 월도 에머슨 Ralph Waldo Emerson

미국의 철학자이자 작가인 랠프 월도 에머슨은 1803년 매사추세츠주에서 태어나 1882년 그곳에서 세상을 떠났다. 헨리 데이비드 소로와 함께 미국 문화의 철저한 혁신을 요구하여 미국 철학사에 큰 영향을 미친 초월주의 운동의 창시자였다. 초월주의 운동은 자연과 하나 되는 삶을 요구했고, 자연을 신성의 표현으로 보았다. 에머슨은 노예제도에 반대하여 에이브러햄 링컨에게도 큰 영향을 미쳤다.

료칸 Ryokan

료칸은 1758년 일본에서 태어났다. 불교 사원에서 엄격한 교육을 받은 후 산중으로 들어가 은둔했다. 세상사의 지혜를 담은 아름다운 시와 그의 기행을 보여 주는 각종 일화가 전 세계적으로 유명하다. 1831년에 세상을 떠났지만, 지금까지도 일본 최고의 시인이자 현인으로 인기를 누리고 있다.

루키우스 안나이우스 세네카 Lucius Annaeus Seneca

1세기에 살았던 고대 로마의 철학자 세네카는 로마 스토아학파의 최고 철학자로 꼽힌다. 몇 년 동안 네로 황제의 교육을 맡기도 했는데, 결국 그 일이 그를 죽음으로 몰고 갔다. 네로를 폐위하려는 반역에 동참했다는 의심을 사서 서기 65년에 자살하라는 명령을 받았던 것이다. 세네카는 마음의 평화를 얻는 방법에 관심이 많았다. 이것은 사실 스토아학파 전체가 중요하게 생각한 문제이기도 했다. 그는 그중에서도 행복한 삶의 본질이라 할 휴식의 문제를 많이 다루었다.

마르쿠스 아우렐리우스 Marcus Aurelius

고대 로마의 황제이자 철학자였던 마르쿠스 아우렐리우스는 121년 로마에서 태어나 180년에 그곳에서 세상을 떠났다. 스토아학파 철학자였던 그는 지금까지도 전 세계인의 사랑을 받는 《명상록》을 남겼다. 이 책에서 그는 운명과 자신의 죽음을 두려움 없이 바라볼 것이며 자신을 우주의 일부로 생각하라고 권고했다. 중요한 것은 자신과 자신의 행동을 끊임없이 비판적으로 성찰하는 것이다. 또 그는 타인에게 겸손하고 인내하는 삶을 권유했다.

마르틴 부버 Martin Buber

마르틴 부버는 1878년 오스트리아 빈에서 태어났고 렘베르크 지금의 우크라이나 리비우의 할아버지 댁에서 자랐다. 훗날 그가 신비주의적 경향의 유대교 신앙 부흥 운동인 하디시즘의 문헌과 역사를 수집하게 된 것은 할아버지 댁에서 하디시즘을 접했기 때문이다. 테오도어 헤르츨과 만나면서 부버는 유대인들의 민족 국가 건설을 위한 민족주의 운동인 시오니즘에 뛰어들었다. 그의 가장 유명한 철학책《나와 너》는 프랑크푸르트 대학교에서 교수로 재직하던 시절에 탄생했다. 그러나 나치가 권력을 장악하자 독일을 떠났고, 1938년에는 이스라엘로 피신했다. 부버는 이스라엘이 유대인은 물론이고 아랍인의 것이기도 하다고 강조했다. 1953년에는 독일 서적상 연합이 제정한 평화상을 받았다. 1965년 예루살렘에서 세상을 떠났다.

맹자 孟子

맹자는 유교에서 빼놓을 수 없는 중요한 사상가로, BC 370년에서 BC 290년 사이에 살았던 것으로 추정된다. 그는 인간이 원래 선하게 태어난다는 성선설을 주장했다. 선하게 태어나지만, 환경이나 교육이 나빠서 나쁘게 변한다고 생각한 것이다. 맹자는 또 공감을 가장 중요한 덕목의 하나로 꼽았으며, 누구나 공감 능력을 타고난다고 주장했다.

붓다 Buddha

'붓다'는 인도 전통에서 깨달은 자에게 선사하는 명예 칭호이다. 깨달은 자 중에서도 가장 유명한 사람인 싯다르타 고타마에게는 이 칭호가 곧 이름이 되었다. 그는 BC 560년경에 북인도에서 왕의 아들로 태어났고, BC 480년경에 세상을 떠났다. 붓다의 가르침에 따르면 깨달음으로 가기 위해서는 삶이 고통이라는 사실을 받아들여야 한다. 삶이란 항상 변하고 바뀌는 것이기 때문이다. 그러나 고통 또한 유한하기에 극복할 수 있다. 이런 극복이 행복을 주며 깨달음으로 인도한다. 붓다가 가르친 깨달음으로 가는 길이 바로 '팔정도'이다.

소크라테스 Socrates

소크라테스는 BC 470년에 아테네에서 태어났고, BC 399년에 신성 모독 혐의를 받고 독배를 받았다. 소크라테스가 서양 철학에 미친 영향력이 얼마나 절대적인지는 철학 역사가들이 그보다 앞서 살았던 모든 철학자를 '소크라테스 이전의 철학자들'이라는 하나의 범주로 묶어 분류한다는 점에서도 익히 알 수 있다. 고대의 위대한 스승들이 모두 그랬듯 소크라테스 역시 기록을 남기지 않았다. 그와 그의 이론에 관해 알려진 모든 것은 제자들이 기록한 것이다. 제자 중에서 가장 유명한 사람은 플라톤이다. 소크라테스는 철학의 행위를 산파의 기술에 비유했다. 산파가 임

산부를 도와 배 속에 든 아기를 세상으로 내보내듯, 자신은 인간을 도와 인간에 내재한 지식을 출산시키려 노력한다는 것이다. 지식을 전달하는 방법도 남달랐다. 소크라테스는 정해진 이론을 모두에게 똑같이 설파하지 않고, 질문을 던져서 만나는 사람들이 깊은 성찰을 통해 각자의 해결책을 찾도록 도와주었다.

스틸폰 Stilpon

메가라학파의 스틸폰에 대해서는 알려진 것이 많지 않다. 저서가 모두 소실되었기 때문이다. 흩어져 남은 조각들은 다른 철학자나 역사가들의 힘으로 후세에 전달되었다. BC 280년에 세상을 뜬 것으로 추정된다. 스틸폰은 논리적 논증 기술인 변증법으로 유명했고, 심지가 굳기로도 유명했다. 인간은 격정이나 충동에 지배당해서는 안 된다고 주장했으며, 내면이 독립적인 인간이 자유인이라고 외쳤다.

시몬 드 보부아르 Simone de Beauvoir

시몬 드 보부아르는 1908년 파리에서 태어났다. 작가이자 철학자였던 그녀는 평생의 파트너였던 장 폴 사르트르와 함께 프랑스 실존주의 철학의 개척자로 알려져 있다. 특히 '여자는 여자로 태어나는 것이 아니라 여자로 만들어진다'고 외친 《제2의 성》은 현대 여성 운동의 고전으로 지금까지 널리 읽히고 있다. 확신에

찬 사회주의자이자 페미니스트로서 그녀는 억압과 지배로부터
의 인간 해방을 위해 헌신했다. 1986년 파리에서 세상을 떠났다.

아르투르 쇼펜하우어 Arthur Schopenhauer

아르투르 쇼펜하우어는 1788년 단치히^{현재 폴란드 그단스크}에서 태
어났고, 1860년 프랑크푸르트에서 세상을 떠났다. 그는 인생과
세상에 대한 철학적 사상을 담은 아포리즘으로 유명하지만, 방
대한 철학 저서도 집필했다. 칸트의 영향을 받은 그는 자신의 인
식을 통해서만 세계를 인식할 수 있다고 주장했다. 또한 모든 인
간 행동의 근거는 의지라고 말했다.

아리스토텔레스 Aristoteles

아리스토텔레스는 BC 384년에 마케도니아의 스타게이로스에
서 태어났고, 17세 되던 해에 아테네로 건너와 플라톤 아카데미
의 학생이 되었다. 마케도니아의 필립 왕은 그를 궁으로 불러 아
들의 교육을 맡겼고, 훗날 그 왕자는 위대한 알렉산드로스 대왕
이 되었다. 아리스토텔레스는 방대한 저서를 남겼는데, 정치학,
형이상학, 자연 과학, 시학, 윤리학 등을 집중적으로 다루었다.
특히 그의 윤리학은 인간 행동의 올바른 중도를 탐구했다. BC
322년 어머니의 고향인 에우보이아의 칼키스에서 눈을 감았다.

아리스티포스 Aristippos

아리스티포스는 북아프리카 키레네에서 태어났다. 그가 창시한 학파는 그의 고향 이름을 따서 키레네학파로 불렸다. 태어난 해는 BC 435년으로 추정되고, 세상을 뜬 해는 BC 360년이었다. 젊은 시절에는 소크라테스의 제자였지만, 스승과 달리 아테네를 떠났고 가르침을 줄 때는 돈을 요구했다. 아리스티포스는 행복한 삶에 관심이 많았다. 그리고 만인이 추구하는 쾌감이야말로 행복한 삶이라고 주장했다. 그러나 쾌락의 노예가 되어서는 안될 것이며 자유인으로서 쾌락을 지배해야 한다는 말도 잊지 않았다.

안티스테네스 Antisthenes

안티스테네스는 BC 445년에 태어나 BC 365년에 세상을 떠났고 키니코스학파의 창시자로 알려져 있다. 키니코스는 고대 그리스어로 '개'라는 뜻이다. 이 학파의 철학자들을 개라고 부른 이유는 그들이 관습을 깡그리 무시했기 때문이다. 안티스테네스 역시 당시의 많은 철학자처럼 소크라테스의 제자였고, 특히 윤리의 문제에서 스승의 영향을 많이 받았다. 그러나 그는 아테네의 타락에 저항했고, 욕심 없는 삶만이 자유와 독립을 가져다준다고 가르쳤다. 많은 저서를 남겼지만 안타깝게도 지금까지 남아 있는 것은 단편들뿐이다. 키니코스학파는 아테네 최초로 노예제의 문제를 지적했으며, 코스모폴리터니즘세계주의 또는 세계시민주의을 외친 철학자들이었다.

에리히 프롬 Erich Fromm

정신분석학자이자 철학자인 에리히 프롬은 1900년 프랑크푸르트에서 유대인 부모의 아들로 태어나 1980년 스위스 무랄토에서 세상을 떠났다. 프롬은 1934년 미국으로 망명하여 규범적 인본주의 사상을 발전시켰다. 그에 따르면 인간은 신체적 기본 욕구뿐 아니라 정신적 기본 욕구를 지닌 존재이다. 정신적 욕구가 채워지지 않을 경우 인간은 상황을 바꾸기 위해 노력하거나 아니면 무기력해진다. 그는 또한 인간은 태어나면서부터 선하거나 악한 존재가 아니기 때문에 삶과 삶의 도전에 긍정적으로든 부정적으로든 반응할 수 있다고 주장했다.

에피쿠로스 Epicouros

에피쿠로스는 BC 341년 사모스섬에서 태어났지만 아버지가 사모스섬으로 이주한 아테네 시민이었기에 아테네 시민권을 가졌다. BC 306년에 아테네에 땅을 사서 '케포스'라 이름 짓고 자신의 학파를 세웠으며, BC 270년에 세상을 뜰 때까지 그곳에서 추종자들과 함께 살았다. 그의 중심 사상이 쾌락이었기 때문에 흔히 그의 학설을 쾌락주의hedonism라 부른다. 'hedone'는 쾌락을 의미하는 그리스어이다. 그러나 그가 외친 쾌락은 방탕한 육체적 향락이 아니었다. 에피쿠로스가 말한 최고의 쾌락은 인간이 격정의 노예가 아니라 격정의 지배자가 될 때 가능한 마음의 평화였다.

에픽테토스 Epíktētos

에픽테토스는 후기 스토아학파를 대표하는 철학자이다. 현재의 터키 땅인 프리지아의 히에라폴리스에서 50년에 태어났고 현재의 그리스 땅인 에피루스의 니코폴리스에서 135년에 세상을 떴다. 어떻게 하면 인간이 행복한 삶을 살 수 있는지를 고민했던 그는 사람들에게 자신이 할 수 있는 일과 할 수 없는 일을 엄격하게 구분하라고 권했다. 인간이 할 수 있는 일이란 자신의 생각과 느낌과 행동이다. 이것들은 바꿀 수 있다. 따라서 문제는 외부 세계가 아니라 그것을 바라보는 자신의 관점이다. 에픽테토스는 그 관점을 바꾸는 데 힘쓰라고 충고했다.

요하네스 에크하르트 Johannes Eckhart

요하네스 에크하르트는 1260년 독일 튀링겐에서 태어났다. '마이스터 에크하르트'로 불리기도 하는데, 마이스터는 교수라는 의미의 라틴어 'magister'를 독일어로 번역한 말로, 파리 대학에서 그가 쌓은 학문적 업적을 의미하는 칭호이다. 요즘 사람들은 그를 그저 스콜라 철학자나 신비주의자 정도로 생각하지만, 같은 교단의 토마스 아퀴나스와 달리 에크하르트는 플라톤주의 및 신플라톤주의 일원론의 대표자로, 매우 창의적으로 자신의 사상을 일원론에 가미했다. 그러나 종교 재판소가 보기에는 그의 창의성이 지나쳐도 너무 지나쳤기에 결국 1326년 그를 종교 재판에 부쳤다. 그러나 그는 자신의 재판 결과를 직접 보지 못했다. 1329년에 그에게 유죄 판결이 내려지면서 파문장이 공개되기도 전에 이미 세상을 떠났기 때문이다.

임마누엘 칸트 Immanuel Kant

1724년 독일 쾨니히스베르크에서 태어나 1804년 그곳에서 사망한 임마누엘 칸트는 명실공히 가장 유명한 독일 근대 철학자이다. 그를 빼놓고는 독일 계몽주의 시대를 생각할 수 없다. 칸트는 말했다. "과감히 알려고 하라!" "용기 내어 당신의 이성을 사용하라!" 그러나 칸트의 가장 큰 공로는 당시의 철학자들과 달리 인간은 현실을 있는 그대로 인식하는 것이 아니라, 눈에 보이는 대로 인식한다고 주장했다는 점이다. 다시 말해, 우리의 인식이 실제 외부 세계와 동일하다고 확신할 수 없다고 그는 주장했다. 칸트는 인식론뿐 아니라 윤리학에서도 두각을 나타냈다. 그는 모든 인간이 도덕적으로 해야 할 일과 하지 말아야 할 일을 잠재적으로 인식할 수 있다고 보았다. 그 근거가 바로 정언 명령이다.

정언 명령은 요구한다. "네 의지의 준칙이 언제나 보편적 입법의
원리가 될 수 있도록 행동하라!"

장 폴 사르트르 Jean Paul Sartre

장 폴 사르트르는 1905년 파리에서 태어나 1980년에 그곳에서
세상을 떠났다. 실존주의의 선구적 사상가로, 수많은 희곡과 소
설, 철학 서적을 집필하여 인간 현존의 의미를 물었다. "실존이
본질에 선행한다"는 그의 말은 유명하다. 인간은 삶에 내던져진
존재이므로 자유롭게 그 삶을 스스로 만들어 나가야 한다는 뜻
이다. 인간은 세계와 자신에게 책임이 있다. 이 책임을 그 누구도
벗겨 줄 수 없다. 사르트르의 경우 이 책임은 곧 시대의 정치·사
회 활동에 적극적으로 참여하는 것이었다.

탈레스 Thales

밀레투스의 탈레스는 BC 624년에 태어나 BC 547년에 세상을
떠났다. 이오니아학파의 대표 주자로, 이오니아는 그 철학자들
이 살았던 소아시아 지방의 이름이다. 탈레스 역시 다른 고대 그
리스 철학자들처럼 저서가 남아 있지 않기 때문에 다른 사상가
들의 기록을 통해 단편적인 이론들만 전해 들을 수 있다. 그는 자
연 연구에 골몰했고, 물이 만물을 탄생시킨 우주의 근원이라고
주장했다. 탈레스는 또한 훌륭한 천문학자여서 일식을 계산할

줄 알았으며, 피라미드의 높이를 측정했다고 전해진다.

토마스 아퀴나스 Thomas Aquinas

토마스 아퀴나스는 1225년 남부 이탈리아에서 태어났다. 어린
나이에 몬테카시노 베네딕토 수도원으로 들어갔지만, 여러 가지
사정으로 19세에 도미니크 교단으로 다시 들어가 수도원 역사
상 가장 유명한 사상가가 되었다. 그는 아리스토텔레스의 철학
을 집중적으로 연구하여 이를 기독교 신학과 결합했다. 그 후 파
리 대학에서 강의하며 방대한 저작을 남겼는데, 그의 저서들은
지금까지도 기독교 스콜라 철학의 가장 중요한 저서로 꼽힌다.
1274년에 세상을 떠났다.

프리드리히 빌헬름 니체 Friedrich Wilhelm Nietzsche

프리드리히 빌헬름 니체는 1844년 독일 작센주 뢰헨에서 태어
났다. 목사였던 아버지는 일찍 세상을 떠났다. 전통 문헌학을 공
부한 니체는 철학에도 열정을 보였고, 특히 아르투르 쇼펜하우
어의 철학에 큰 매력을 느꼈다. 니체는 플라톤 철학과 유대 기독
교 전통, 특히 그 인간상을 격렬하게 비판했다. 플라톤의 경우 절
대적 진리 개념을 비판했고, 기독교의 경우 강자와 자율적 인간
을 배제하는 노예 도덕을 비판했다. 그리고 노예에 대항하여 모
든 규범적 도덕관을 벗어난 초인을 내세웠다. 니체는 1889년부

터 정신 질환을 앓았는데, 점점 병세가 악화되다가 결국 1900년
에 정신 착란을 일으켜 사망했다.

플라톤 Platon

플라톤은 고대 그리스에서 가장 유명한 철학자일 것이다. BC
428년에 아테네의 귀족 집안에서 태어났고, 그곳에서 BC 348년
에 세상을 떠났다. 젊은 시절 스승 소크라테스의 문하로 들어갔
고, BC 399년에 스승이 세상을 떠날 때까지 충실하게 그의 곁을
지켰다. 플라톤이 남긴 방대한 저작은 지금까지 잘 보존되어 있
지만, 스승의 이론을 기록했기 때문에 그의 의견인지 스승 소크
라테스의 의견인지를 구분하기가 쉽지 않다. 플라톤이 주장한
이론의 가장 중요한 측면은 정신적인 것만이 완벽하고 영원하다
는 것이다. 여기서 말하는 정신적인 것을 그는 선善, 일자一者, 선
의 이데아Idea로 불렀고, 인간의 과제는 이를 인식하는 것이라고
했다. 그러자면 이 세상의 불완전한 사물에 휩쓸리지 말아야 한
다. 모든 감각적인 것은 정신적 현실의 모사에 불과하기 때문이
다. 플라톤의 주장에 따르면 정신적인 세계만이 현실 그 자체를
요구할 수 있다.

플루타르코스 Ploutarchos

플루타르코스는 45년경에 태어나 125년경에 세상을 떠났다. 그

는 독자적인 철학자라기보다는 고대 사상가들에 관한 지식을 후세에 전달한 작가였다. 델피의 아폴로 신전에서 사제로도 활동했으며, 나름의 학파를 창설하여 주로 플라톤의 철학을 전파했다. 유명한 사상가들의 전기 외에도 윤리적 문제를 다룬 많은 저서를 집필했다.

피타고라스 Pythagoras

피타고라스는 BC 570년 그리스 동부 에게해의 사모스섬에서 태어나 BC 500년 이탈리아 남부 메타폰툼에서 세상을 떠났다. 그는 엄격한 규칙을 지키는 철학 생활 공동체를 실현한 최초의 서양 철학자였다. 여성도 공동체에 받아들였다는 점에서도 다른 철학자들과 큰 차이를 보였다. 피타고라스 공동체는 묵언과 채식, 도덕적 생활을 의무로 지켰으며, 환생을 믿었다. 그들은 자신들이 추구하는 삶의 방식을 담은 시 〈황금 시편〉을 매일 암송하며 정신을 단련했다. 피타고라스는 수학과 우주학, 음악에 특히 열정을 쏟았다. 또 우주는 조화로운 질서의 세계이며 인간이 그 세계에 다가가려면 수학과 음악을 통해 그 세계의 기본이 되는 조화로운 구조를 인식해야 한다고 믿었다.

한나 아렌트 Hannah Arendt

한나 아렌트는 1906년 독일 하노버에서 태어났다. 어릴 때부터 철학에 관심이 많았던 아렌트는 1920년대에 마르틴 하이데거를 만나 그의 밑에서 본격적으로 철학을 공부했다. 그러나 나치가 권력을 장악하자 유대인이었던 그녀는 독일을 떠날 수밖에 없었고, 일단 프랑스로 거처를 옮긴 후 1941년에 다시 미국으로 이주했다. 1, 2차 세계 대전 등 세계사적 사건을 두루 겪은 아렌트는 전체주의의 여러 형태를 연구하고 통렬히 비판한 정치 사상가였다. 그녀가 대중에 널리 알려진 것은 나치 전범 아돌프 아이히만의 재판을 관람한 후 작성한 보고서 때문이었다. '악의 평범함'이라는 그녀의 신조어는 격렬한 토론을 불러일으켰다. 아렌트는 사회적 악과 폭력의 본질에 대해 깊이 연구하여 《폭력의 세기》를 집필했다. 1975년 뉴욕에서 세상을 떠났다.

헤라클레이토스 Heracleitos

헤라클레이토스는 BC 544년에 지금의 터키 땅인 에페소스에서 태어나 BC 483년에 그곳에서 생을 마쳤다. 그의 이론이 당시 사람들도 이해하기 어려울 정도로 워낙 심오하다 보니 그는 살아생전에 '어두운 사람'이라는 별명으로 통했다. 사람을 별로 좋아하지 않는 성격이었지만, 의외로 고향 에페소스에서 오랫동안 최고 제사장으로 활동했다. 지금 우리는 그의 이론을 단편적으로밖에 접할 수 없지만, 헤라클레이토스의 중심 사상은 '변화'였다. 그는 모든 것은 대립물로 이루어지기 때문에 세상 만물은 항상 변화한다고 주장했다. 그리고 이 대립물들은 변치 않는 영원한 로고스logos, 스토아학파에서, 숙명적·필연적으로 사람을 지배하는 신의 작품이라고 말했다.

헨리 데이비드 소로 Henry David Thoreau

미국의 작가이자 철학자 헨리 데이비드 소로는 1817년에 매사추세츠주의 콩코드에서 태어났고, 1862년 그곳에서 결핵으로 세상을 떠났다. 순수한 자연생활을 예찬했으며, 시민의 자유를 열렬히 옹호했다. 역시 미국의 철학자이자 작가인 랠프 월도 에머슨의 개혁 사상에 큰 영향을 받았고, 노예제와 전쟁에 반대하여 납세를 거부했다. 그의 저서《시민 불복종》은 많은 사람에게 영향을 미쳤다. 하지만 가장 유명한 작품은 뭐니 뭐니 해도《월든》이다. 이 책은 그가 2년간 문명 세계와 담을 쌓고 월든 호숫가에서 혼자 살면서 경험한 다양한 일화들과 사회·정치적 문제를 결합한 걸작이다.

히파르키아 Hipparkhia

키니코스학파의 여성 철학자 히파르키아에 대해서는 안타깝게도 자료나 증언이 별로 남아 있지 않다. 키니코스학파의 철학자 크라테스 BC 365~285와 결혼한 것으로 보아 BC 4세기의 인물일 것으로 추정할 수 있다. 히파르키아는 오빠 메트로클레스를 통해 크라테스의 이론을 접한 후 그의 이론에 매료되어 크라테스가 장애인이었음에도 그가 아니면 누구와도 결혼하지 않겠다고 고집을 부렸다. 결혼 후에도 크라테스와 함께 아테네에서 독자적인 철학자로 활동했다.

옮긴이 | 장혜경

연세대학교 독어독문학과를 졸업했으며, 같은 대학 대학원에서 박사 과정을 수료했다. 독일 학술교류처 장학생으로 하노버에서 공부했다. 전문 번역가로 활동 중이며 《식물탄생신화》,《상식과 교양으로 읽는 유럽의 역사》,《그들을 만나러 간다 런던》,《주제별로 한눈에 보는 그림의 역사》,《버리고, 비우기》등 다수의 문학과 인문교양서를 우리말로 옮겼다.

지금 여기, 행복하라!

굿 라이프 **철학** 수업

초판 인쇄 2018년 3월 10일
초판 발행 2018년 3월 20일

지은이   카타리나 케밍, 크리스타 슈판바우어
옮긴이   장혜경
펴낸이   진영희
펴낸곳   (주)터치아트
출판등록   2005년 8월 4일 제396-2006-00063호
주소   10403 경기도 고양시 일산동구 백마로 223, 630호
전화번호   031-905-9435 팩스 031-907-9438
전자우편   editor@touchart.co.kr

ISBN 979-11-87936-12-1 03100